自殺防止の手引き

誰もが自殺防止の強力な
命の門番(ゲートキーパー)になるために

羽藤邦利［著］

Ψ
金剛出版

まえがき

　本書は「自殺防止活動のための手引き書」である。

　自殺企図の事例は，一つひとつが，それぞれ，一人の人の物語である。一つとして同じものはない。しかし，一つとして同じものがない圧倒的な個別性の中に「共通する類型やパターン」がある。それらを知ることで，"自殺という複雑な行為"の全体像を摑みやすくなる。全体像が摑めると自殺防止のために何をすれば良いかが見えてくる。

　本書では，前半部分で，まず，多くの自殺が，おおよそ三つの類型に分けられること，各類型の特徴について述べる。その上で，「自殺」の全体像を俯瞰してみる。後半部分では，前半部分で述べたことを下敷きにして，自殺を防止するには何をすれば良いのかについて述べる。自殺防止は，気づいた人が声をかけ，話を聞くことから始まる。即ち，気づいた人が"ゲートキーパー"となって行動することで自殺防止は可能になる。ゲートキーパーとなった人がどのように行動すれば良いか，「ゲートキーパー活動の実際」について詳しく述べた。

　この手引き書は，私の二つの経験，「特定非営利活動法人メンタルケア協議会」での自殺防止活動の経験と，精神科医療機関での診療経験を下敷きにしている。

私が関わっている特定非営利活動法人メンタルケア協議会では，東京都より受託して「東京都自殺相談ダイヤル～こころといのちのほっとライン～」を運営している。平成22年4月に事業を開始して以来，年間約2万件，これまでに20万件を超える電話相談を受けてきた。また，平成26年7月から，「東京都自殺未遂者対応地域連携支援事業―東京都こころといのちのサポートネット」を受託して運営している。未遂者や自殺ハイリスク者の支援事業である。年間約300人，令和4年3月末までに2,101人の方を支援してきた。さらに，SNS相談（相談ほっとLINE@東京）を平成30年3月より試行開始し，同年9月より本格稼働し，今日に至る。私は，日常的に相談員のサポート役を務め，また，頻回に開催している研修会（事例検討会）に助言者として関わってきた。長く関わる中で私自身たくさんのことを学ばせていただいた。

　また，私は精神科医として長く診療に携わってきた。50年以上になる。これまでに，1万人を超える方を直接に診療させていただいた。残念なことだが，毎年診療させていただいていた方のうち1～2名の方が自殺された。自殺された方お一人お一人を繰り返し振り返って，たくさんのことを学ばせていただいた。それも本書の中に織り込んである。

　本書が，保健所，自治体のいろいろな相談窓口，学校や企業の相談室など，さまざまな場所で自殺防止活動に携わっている方に多少でも役立てていただけたらと願っている。

2023年5月

羽藤邦利

目　次

まえがき　iii

第Ⅰ部
自殺企図に至るプロセスについて

第1章　自殺企図直前に見られる特徴（BPSAS） 3

　　第1節　自殺企図直前の状態に陥っていることを示すサイン
　　　　　（BPSAS） 9

　　第2節　BPSASの三つの特徴，BPSASに陥っているときに
　　　　　ありがちなこと 35

　　第3節　BPSASから自殺企図への踏み出し 39

第2章　BPSASに至る三つのプロセス 43

　　第1節　悪循環・発展からBPSASに陥る場合 49

　　第2節　「精神状態の揺らぎ」からBPSASに陥る場合
　　　　　... 75

　　第3節　「精神病性の症状」によるプロセス 93

第Ⅱ部

ゲートキーパーについて

第3章　ゲートキーパーになる 103

　　第1節　ゲートキーパーとは 105

　　第2節　対応の工夫 113

　　第3節　自殺リスクアセスメント 163

　　第4節　ゲートキーパーとしての動き方,
　　　　　　支援機関の利用の仕方 187

第4章　短い補章；「顕著な個性や傾向」について 239

　　参考文献リスト　243
　　あとがき　　　245
　　付録　「自殺企図に至るプロセス」についてのまとめ　249
　　著者略歴　　　252

第 I 部

———————

自殺企図に至る
プロセスについて

第1章

自殺企図直前に見られる特徴
（BPSAS）

自殺は「周囲の者」が"ひょっとしてこの人は自殺のリスクがあるのでは"と気づいて行動を起こすことで防ぐことができる。

　私たちの誰もが明日には「周囲の者」になるかもしれない。そのとき果たして"ひょっとしてこの人は自殺のリスクがあるのでは"と気づけるだろうか，気づいたとして行動できるだろうか。そもそも何に気づけば良いのだろう。

　一つの事例をお示ししてみたい。裁判記録からの抜粋である。

　自殺した42歳の会社員について自殺までの詳しい経過が記されている。

事　例

男性，42歳，会社員，投身自殺（判例より）
- 1月頃から過重労働が続いていた
- 2月頃から怒りっぽくなり，酒量が目立って増えた
- 4月に体調不良から病院を受診。異常はなかった
- 6月20日
  - 朝，なかなか起きず，朝食も摂らず，いつもと違って作業服を着て出勤
  - 午前中，日常の業務をいつもの自分の机でなく窓際の机で行っていた
  - 昼休み，部下と将棋を指す
  - 午後4時45分，決裁書類に，内容を聞かずに判を押す
  - 午後5時過ぎ，部屋を出て行くとき，俯いて歩き，目が合わず，とても小さく見えた
  - その直後に会社ビルの屋上から投身

妻や同僚が気づいたことは「朝，なかなか起きず……」，「俯いて歩き，目が合わず，とても小さく見えた」など，すべて "かすかなこと" であった。その "かすかなこと" が自殺リスクのサインであったのではと "あとになって" 気づいた。きっとそうだと気づいたので，そのことを公判（過労自殺の裁判）で陳述した。そうだと気づいたとき，「あのときに声をかけていれば……」と後悔や罪業感に襲われたのではないだろうか。この事例が示すように自殺リスクのサインは "かすかなこと" だ。

　さらに，この事例で気づかれることは，自殺の３〜４カ月前頃から，「怒りっぽくなり，酒量も目立って増えた」，２カ月前頃に「体調不良から病院を受診した」といったことに気づかれていたことである。それらは "遠からず自殺企図にまで追い詰められるかもしれない" ことを示すサインであったのかもしれない。

自殺リスクのサインは二つある

　自殺リスクを示すサインは二つある。一つは「自殺企図直前の状態に陥っていることを示すサイン」，もう一つは「このままいくと自殺企図にまで追い詰められるかもしれないサイン」である。

　二つのサインに関して興味深いデータがある。東京精神神経科診療所協会では平成27年1月〜12月の間に会員診療所であった既遂例を収集した（注．平成29年にも同じ調査を行っていて同様の結果を得ている）。188診療所から報告があった。うち既遂例なしの診療所が121箇所，既遂例ありの診療所が67箇所，既遂例は合計101例であった。

　これら101例について「最終診察から自殺までの期間」を調べて

みたところ，最終診察当日と翌日の既遂は6例，6％であった。この6例は「自殺企図直前の状態に陥っていた」と推定されるケースである。残りの90例，90％は，最終診察から3日以降に既遂したものである。最終診察の時点では「自殺企図直前の状態に陥っていることを示すサイン」は見られていなかったが，「このままいくと自殺企図にまで追い詰められるかもしれないサイン」を出していたのではないか。

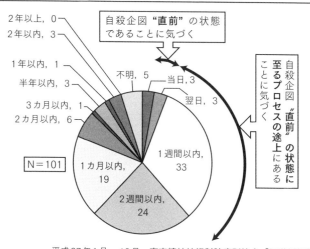

"自殺企図直前の状態" と "自殺企図直前の状態に至るプロセスの途上！"

2年以上，0
2年以内，3
1年以内，1
半年以内，3
3カ月以内，1
2カ月以内，6
不明，5
当日，3
翌日，3
1週間以内，33
1カ月以内，19
2週間以内，24
N＝101

自殺企図 "直前" の状態であることに気づく

自殺企図 "直前" の状態に至るプロセスの途上にあることに気づく

平成27年1月〜12月　東京精神神経科診療所協会「既遂例報告」より

精神科医は **"直前"** を見落とすことは少ないが，**"直前"** に至る**プロセスの途上**にあることに気づいて効果的な対策を打つことには難渋している。

図1-1　最終診察から自殺までの期間

二つのサインそれぞれが，どのようなものかを知っていて，その
サインに気づいたら，気づいた人は行動を起こす。そうすることで
自殺は防止できるのではないか。

第1節

自殺企図直前の状態に陥っていることを示すサイン（BPSAS）

二つのサインのうち，まずは，自殺企図直前の状態に陥っていることを示すサインについて見てみたい。

I　BPSASを収集する

「自殺企図直前の状態に陥っていることを示すサイン」という表現はとても長いので，BPSASという略語を用いたい。Behavioral and Psychological Signs of Attempting Suicide を略したものである。

BPSASがどのようなものかを知るには，大勢の専門家（精神科医，看護師，福祉分野の相談員など）が，それぞれ自分の経験した事例を持ち寄り，個々の事例で気づかれた（あとで気づかれたことも含む）BPSASを提出してもらう。そうやって収集したものを分類整理すればBPSASのリストを作成することができるだろう。残念ながら，これまでそうした作業は行われていない。

II　私が自験例をもとに作成した
「BPSASのリスト」

　私は精神科医として診療に携わって50年になる。これまでに約1万人の方を直接に診療してきた。25年ほど前のことだが，一人の患者さんが，受診を終えて自宅に向かう途中で投身自殺された。警察から連絡を受けて知った。衝撃であった。自分は一体何を見落としていたのか，最後の診察場面を繰り返し点検した。

　彼は，21歳，大学3年生。統合失調症を発症したため1年留年。留年の間に回復が進み，意欲的になり，コンビニのアルバイトを精力的にこなすなど活動的であった。4月から復学することが決まっていた。最後に診察した日は3月初めであった。「変わりないです，バイトは順調です」と言っていた。いつもの会話であった。ただ去り際に「やっぱり新学期は頑張った方が良いですよね？」と聞いてきた。復学については繰り返し話し合ってきたことだったので「そうだよね」と私は深く考えずに答えた。その1時間後に彼は投身自殺した。

　私は診察場面を繰り返し点検しているうちにハッと気づいた。彼は，そのとき，曖昧で，ぼーっとして，心ここにあらずの感じがあった。そこがいつもと違っていた。明らかに違っていた。そのことに気づいた瞬間に，それに違いないと私は確信した。

　彼は，直近の数カ月間は長時間のアルバイトをとても生真面目にこなしていた。幻覚妄想の再燃もなく，うつ状態でもなかった。4月からの復学は難なくこなせると，私も，家族も思っていた。たぶん本人自身もそう思っていたのではないか。それでも慎重を期して

「復学の1カ月は慣らし運転で」ということになっていた。しかし，あとから考えると，本人自身も絶対に大丈夫と思いながらも，段々に気持ちにゆとりがなくなっていたのではないか。ゆとりが段々になくなってきていたが，彼は弱音を吐くことができなかった。復学することは自分自身が納得して決めたことだったし，周りの者が強く期待していることだった。母親は自分の学費のためにパートを始めていた。とても弱音を吐くことができなかった。弱音を吐けないままに追い詰められていた。そのために自殺リスクが高まっていたのだ。そして，その自殺リスクの高さは「曖昧で，ぼーっとして，心ここにあらず」という特徴が示していたのではなかったか。

　この学生の自殺のあとから，私は，既遂例や未遂例があったとき，必ず「自殺企図直前に特徴的なことがなかったか？」徹底して点検するようにした。点検を始めてみると，どの事例も自殺企図の直前に必ず何らかの際立った特徴があった。これは驚きであった。さらに，一例一例ごとの「際立った特徴」を集めてみると，いくつかの類型（グループ）に分けられることが徐々に見えてきた。それらの類型をもとに「自殺企図直前の状態に陥っていることを示すサイン」のリストを作ることができた。簡略に表現すれば「BPSASのリスト」である。

　最初に作ったBPSASリストは，その後，新たな事例があって，その事例の「際立った特徴」を摑んだとき，微修正しなくてはならなかった。微修正を繰り返すうちに「BPSASのリスト」は，複雑で煩雑なものにはならず，逆に，簡潔でコンパクトなものになってきた。

　「BPSASのリスト」を改良するにつれて，私が診ている患者さんが既遂されることが著しく減った。さらに，私は平成22年から今日まで「東京都自殺相談ダイヤル」の運営に関わり，大勢の自殺ハイ

リスク者や自殺未遂者の支援を，相談員の方たちと一緒に行ってきた。支援を行う中で，さらに「BPSASのリスト」を改良することができた。そして，「BPSASのリスト」は，支援を行う上で，確実に役立った。

Ⅲ　BPSASの具体例

　BPSASがどんなことかイメージしていただくために5つの事例をお示ししたい。事例は私が直接あるいは間接的に関わった事例である。ただし，事例の具体的な内容は大幅に改編してある。

事例A

男性，38歳，会社員，過量服薬で死亡　　　　　（悪循環・発展）

　推定死亡日の直前に，隣人が本人と顔を合わせたが，挨拶に応えず，呆然として無表情だった。

- 新聞が溜まっていたので家主が立ち入ったところ死亡していた。死因は過量服薬。
- 推定死亡日の直前に，隣人が本人と顔を合わせたが，挨拶に応えず，呆然として無表情だった。
- 大学卒業後，不動産会社に就職。30歳で結婚。
- 5年前に会社倒産。再就職した会社が次々に倒産やリストラ。転職を重ねる。次第に生活が困窮。
- 飲酒量が増え，日中も飲酒。妻との口論が絶えず，1年前に離婚，単身アパート住まいとなる。
- 3カ月前から家賃滞納。2カ月前に精神科を受診，「うつ状態，睡

眠障害」の診断。医療費が負担で，通院3回で中断。

　＊幼少期から控えめで目立たない存在。中学，高校，大学でも
　　友人は少数いたが，密な交流はしていなかったとのこと。

事例B

男性，14歳，中学生，縊死（いし）　　　　　　　　　**（悪循環・発展）**

　その日の朝，母親に何か言いたげに見えたが，何も言わなかった。
同じ日の午前に，話しかけたクラスメートがいたが，曖昧な返事し
かしなかった。

- 運動会目前の10月に母親が帰宅したら，自室で縊死していた。

- その日の朝，母親に何か言いたげに見えたが，何も言わなかっ
　た。同じ日の午前に，話しかけたクラスメートがいたが，曖昧
　な返事しかしなかった。

- 口数が少なく，冗談にうまく応えられない子どもだった。クラ
　スで浮いた存在だった。

- 美術と運動が際立って不器用。1学期に，鉄棒ができないこと
　をきっかけに，数名のグループからからかわれるようになる。
　さらに，教科書を隠されるなどのいじめを受けるようになる。

- 2学期になっていじめがエスカレート。本人は，一度，担任に
　相談している。しかし，担任は事実確認もグループの子どもに
　注意することもしていない。その後，本人から担任には相談し
　ていない。

　＊母親にも何も相談していない。母子家庭で，母親は夜遅くま
　　で働いていた。

男性，16歳，高校1年生，投身自殺　　　（精神状態の揺らぎ）

　女生徒に頻回に携帯メールを送るのを止めるように父親が強く叱ったが，納得しない。父親との口論が次第に激しくなり，父親が「携帯を取り上げる」と言い，「そんなことしたら死んでやる」と本人が言い返し，「勝手に死ね」と父親が言い返した。次の瞬間にマンションの5階から飛び降りた。

- 1カ月前に同級生の女生徒とメール交換を始める。携帯メールを一方的に1日に数十回送りつけ，返信を要求するようになったことから，女生徒が恐怖を抱き，女生徒の両親が担任教師に抗議，担任教師が男子生徒の両親を呼び出し厳重注意した。
- その夜に，父親が，本人に携帯メールを止めるようにと強く叱った。本人は納得せず口論となる。父親が「携帯を取り上げる」と言い，「そんなことしたら死んでやる」と本人が言い返し，「勝手に死ね」と父親が言い返した。次の瞬間にマンションの5階から飛び降りた。
- ＊中学1年のときに，こだわりやすいことから教師の勧めで精神科受診。発達障害（アスペルガー）と診断された。治療は必要ないと言われ，これまで治療は受けていない。

男性，65歳，会社役員，投身自殺未遂　　　（精神病性の症状）

　「このままでは会社は倒産する，倒産したら責任をとらなくてはいけない，生きて恥を晒せない，死なせてくれ」と言い，窓から身を乗り出す。家人が必死で制止。

- その日の早朝，マンションの窓を開け，身を乗り出しているところを家人が取り押さえた。
- 「このままでは会社は倒産する，倒産したら責任をとらなくてはいけない，生きて恥を晒せない，死なせてくれ」と言い，窓から身を乗り出す。家人が必死で制止。
- 2年前に大企業から子会社に派遣され，役員として経営の立て直しにあたっていた。休日もとれない日が続いていた。
- 3カ月前から，不眠と疲労を訴えていた。寝つきのために寝酒するようになる。
- 1カ月前に，本社で本人への中傷を耳にして，ひどく気に病んでいた。その頃から，顕著に食欲不振。1カ月で4キロほど体重減少。
- 会社は，業績が上向いていて，本人が思っているような状況ではなかった。
  - ＊誰からも，几帳面，誠実，仕事熱心，仕事の能力が高いと評価されていた。

事例E

女性，18歳，無職，ハサミで腹部を刺す　　　　（精神病性の症状）

　ぼんやりとして，時折，意味不明のことをつぶやく，家族との疎通もほとんどとれなかった。

- 両親に連れられて精神科病院初診。疎通がとれない。幻聴があるようであった。統合失調症と診断された。診察した医師から強く入院治療を勧められたが，両親は納得せず，1週間経過を見ることになった。

- 自宅で母親が見守っていたが，ぼんやりとして，時折，意味不明なことをつぶやく，家族との疎通もほとんどとれなかった。
- 初診の3日後に，尖ったハサミで腹部を刺す。救急搬送され手術を受けるも，3日後に急性腹膜炎で死亡。
  *前日に，母親が繰り返し質問したところ，「お腹にいる声を止めようと思った」と説明していた。

注1　BPSASは"サイン"であるが，
"状態"を示す用語としても用いている

　BPSASは定義によって自殺企図直前に見られる徴候（サイン）である。もし，ある人にBPSASが見られたら，その人は自殺企図直前の状態にある。

　しかし，"逆のこと"，即ち，「その人にBPSASが見られなかったら，その人は自殺企図直前の状態ではない」とは言えない。未知のBPSASがあって，その人が自殺企図直前の状態であるかもしれないからだ。

　だが，BPSASのリストが充実してきて未知のBPSASがほとんど無くなれば，"逆のこと"とも言えるようになる。即ち，「その人にBPSASが見られないから，その人は自殺企図直前の状態ではない」と言えるようになる。

　実は既に現段階でも，未知のBPSASを経験することはごく稀である。現段階でも，「BPSASが見られない」＝「自殺企図直前の状態ではない」と<u>ほぼ言える</u>。つまり，BPSASと自殺企図直前の状態はほぼ一対一の関係だ。

　ほぼ一対一の関係になっているときは，「サイン」を示すBPSAS

を「状態」を示す用語としても使える（わざわざ "BPSAS" と "BPSAS が見られる状態" とを区別する必要はない）。

　本書でも、BPSASは「自殺企図直前の<u>サイン</u>」を示す用語だが、「自殺企図直前の状態」を指す用語としても用いている。

IV　BPSASのリスト

　以下は、私が、診療活動での自験例、自殺防止活動での経験をもとに作成したBPSASのリストである。とてもコンパクトなものである。このリストについて説明したい。

表1-1　BPSASのリスト

BPSASのリスト	BPSASのタイプ
追い詰められ感・視野狭窄 うろたえ・焦燥感 衝動性の高まり 強い抑うつ感・苦悶感の訴え "死にたい、消えたい" と言い続ける すぐに自殺企図しようとする	混乱していて動きが多い
曖昧、呆然、心ここにあらず 苦悶の表情	混乱していて動きが少ない
奇妙さや不自然さ 疎通不良 まとまりのなさ 反応の鈍さ	奇妙な言動

「BPSASのリスト」は三つの「サブタイプ」で構成されている。即ち，「混乱していて動きが多い」タイプ，「混乱していて動きが少ない」タイプ，「奇妙な言動」タイプである。どのタイプも "内的な混乱が外部に漏れ出てきた特徴" と見なせるものである。

V 「希死念慮の訴え」がBPSASのリストには 入っていない理由

BPSASのリストにあるものは，どれも "かすかな" ことであるが，"かすかな" ことをあらかじめ知っていて，頭の隅に置いていると，気づきやすくなる。気づきやすくなると "かすかなこと" ではなくなる。

ところで，目敏い方は気づかれただろう，「BPSASのリスト」に「希死念慮の訴え」は入っていない。理由は二つある。どういうことなのか説明したい。

1 「死にたい」と言わずに自殺してしまう人たちがたくさんいる

a 自死遺族の経験から

NPO法人ライフリンクが行った自死遺族を対象にした聞き取り調査（『1000人の声なき声に耳を傾ける調査』）から以下のような結果を得ている。

「自殺のサインがあったと思うか」との問いに「あったと思う」と答えた遺族は58％いたが，「それが発せられた時点でもそれを自殺のサインだと思ったか」との問いには，遺族の10％しか「思った」とは答えなかった。

　自死遺族の6割が，後から思うと〝あれが自殺のサイン〟だったのではと気づいたことがあった。身近な家族でも6割くらいなのだ。しかも，その〝自殺のサイン〟が発せられた，そのときに，それが〝自殺のサイン〟ではないかと思ったのは僅かに10％であった。このデータは，〝自殺のサイン〟は気づきにくいものであること，そして「希死念慮の訴え」は少ないことを示唆している。

b かかりつけ精神科医

　精神科通院中の患者で1年間の間にあった既遂事例についての調査から，既遂前に希死念慮の訴えが少ないことがわかっている。

　図1-2と図1-3は，東京精神神経科診療所協会に所属する精神科診療所において，平成29年の1年間で，発生した自殺既遂例についての調査結果である。**最終診察日**に「希死念慮の訴えがあったもの」は17％であった。**最終診察以前**に「希死念慮の訴えがあったもの」は38％であった。「希死念慮の訴え」がなかったケースがとても多いことがわかる。

　この調査には168診療所が協力した。既遂例は52診療所で発生，87例であった。多数の診療所が協力して行った調査で，個々の精神科医の個性やバラツキは薄められている。信頼度の高い結果である。

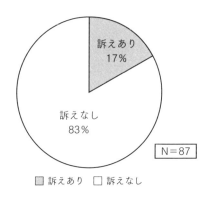

図1-2　"最終診察日"の希死念慮の訴え

　二つの調査，「自死遺族を対象にした調査」「かかりつけ精神科医を対象にした調査」から，既遂した事例については，自殺企図直前に「希死念慮の訴え」が少ないことがわかる。

2　「希死念慮の訴え」はとても多い。そして，「希死念慮の訴え」＝「BPSASに陥っている」とは限らない

　厚生労働省自殺対策推進室が行った「全国18歳以上の者への自殺対策に関する意識調査」（令和3年度）によると，人が「死にたいと本気で思う」ことはとても多い（注2参照）。「直近の1年間以内に死にたいと思った人」は9.5％であった。20歳以上の国民全体では約1,000万人になる。「本気で死にたい」と思ったとき，そう思った人の一部は，周囲の者に希死念慮を訴えているだろう。わずかに数％

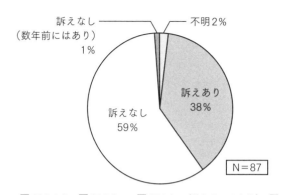

図1-3 "最終診察日" より前の希死念慮の訴え

くらいであったとしても，数十万にはなる。膨大な数だ。もし「希死念慮の訴え」，即ち，「自殺リスクあり」としたら，自殺者数は膨大な数になるはずだ。実際はそうなっていない。

　また，古い調査だが，平成19年度にメンタルケア協議会が，厚生労働省の「障害者自立支援研究プロジェクト」の一環で「緊急対応ニーズ」の調査を行った。その調査で行った，精神疾患（主に統合失調症）を持っている人（1,745名）を対象に行ったアンケートで，「最近1カ月以内に死にたいと思ったことがある」という問いに「ある」と回答した人が約20％に上った。この調査結果から精神疾患（主に統合失調症）を背景に持っていると希死念慮を抱きやすいことが明らかになった。同時に，それだけ頻回に希死念慮を抱いても，ほとんどの人が自殺企図はしていなかったこともわかった。

　この二つの調査から，「希死念慮の訴え」，即ち，「自殺リスクあり」ではないことがわかる。ましてや「**希死念慮の訴え**」＝「**自殺**

企図直前の徴候；BPSAS」ではないのだ。

　もちろん，「希死念慮の訴え」があるとき，少数だが，BPSASに陥っていて，自殺リスク「高」であることがある。そのため，**「希死念慮の訴え」があれば，改めてBPSASに陥っていないかどうかチェックする必要がある**。チェックしてみて，BPSASのリストに載っていることがあれば自殺リスクは「高」と判断される。BPSASのリストに載っているようなことがないものの，その人の事情などからこのままでは遠からずBPSASのリストにあるようなことが起きかねないと判断されたら自殺リスクは「低〜中」と判断される。いずれにも該当しないときは，自殺リスク「無し〜低」である。

　ところで，自殺リスク「無し〜低」と判断された場合でも，希死念慮の訴えは，訴えている本人にすれば最大限の訴えである。トランプゲームに例えれば，スペードのエースを切るようなことである。希死念慮の訴えを聞いたときは，その訴えを無視はできない。無視すれば，訴えた本人は引っ込みがつかなくなって，激しく「死んでやる」と言わざるを得なくなる，これは危険な展開だ。

　どうすれば良いか。まずは，「死にたい気持ち」でいることを，無視せず，受け止めることが必要だ。その上で，もっと詳しく話してもらい，話を整理する。それで何か解決策が見えてくるかもしれない。希死念慮の訴えは弱まるだろう。しかし，その人が求めていることにこちらが答えられないときは行き詰まってしまう。この行き詰まりをどう打開するか。なだめて解決を先送りするとか第三者を交えて話をすることが必要かもしれない。

　このように「希死念慮の訴え（スペードのエースの訴え）」への対応はとても難しいことがある。

注2 「希死念慮の訴え」が
とても頻度の多い訴えであることを示すデータ

1. 全国18歳以上の者への自殺対策に関する意識調査
   （令和3年8月4日～8月26日；厚生労働省自殺対策推進室）
   ●「これまでに本気で死にたいと思ったことがある」………26.2%
   ●「最近1年間で本気で死にたいと思ったことがある」…… 9.5%

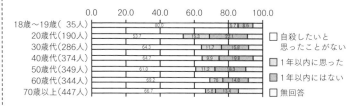

図1-4　これまでに本気で自殺したいと思ったことがあるか

2. 精神疾患（主に統合失調症）を持っている人（1,745名）への
   アンケート調査
   ●「最近1カ月以内に死にたいと思ったことがある」……約20%
   （H19年度障害者保健福祉推進事業：障害者自立支援研究プロジェクト：メンタルケア協議会）

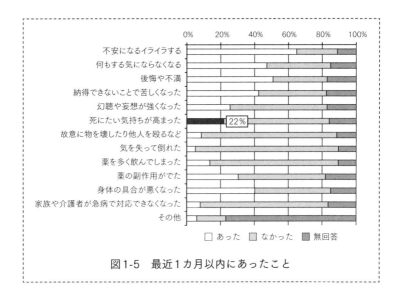

図1-5　最近1カ月以内にあったこと

3　私たちが「希死念慮の訴え」にこだわってしまう理由

　『自殺企図直前に"希死念慮の訴え"が少ない』ことは間違いのない事実だ。それにもかかわらず，たくさんの自殺防止マニュアルや解説書で『自殺リスクは希死念慮の有無で判定する，希死念慮の訴えがあれば，計画があるかどうかを聞く，計画があれば自殺リスクは高い，計画だけでなく準備があれば自殺リスクは極めて高い』と書かれている。書かれているだけでなく，実際に，救急医療施設などの現場で，「死にたい気持ちがありますか」と質問して自殺リスクの程度をチェックしている。

何故「希死念慮」をこれほど重視するのか，何故「希死念慮」の
チェックにこれほど力を入れるのか。一つの理由は，救急医療施設
などの「現場」がとても忙しい，忙しい中では自殺リスクのチェック
は簡便に行いたいということもあるだろうが，別の大きな理由がある
のではないか。それは私たちの「自殺に対する強烈な思い込み」だ。

　私たちは「自殺はその人が自殺（自死）したいと思って行われた」
「自殺はその人の"主体的意思"で行われた」と思いがちだ。実は自
殺は内的な混乱から起きているのだが，そんなふうには決して思い
たくない気持ちが私たちの中に強烈にある。

自殺した人に対する強烈な思い，
その人を冒涜することへの恐れ

　身近な人が自殺したとき私たちは「自殺までしたその人の思
いをないがしろにしてはならない」「その人を貶めるようなこと
は決してしてはならない」と強烈に思う。
　そんなふうに思っているとき，「自殺は内的混乱からだ」と考
えるのは自殺（自死）した人を冒涜することだと思われてしまう。

　強烈な思いから私たちは「自殺は主体的な意思でもって行われる」
と考えてしまう。その考えからは「主体的意思＝希死念慮」をチェッ
クすることが，自殺のリスクをチェックする上で最も大切なことに
なる。

自殺の「計画」「準備」の有無をチェックすることについてはどうだろう。厚生労働省自殺対策推進室が行っている「全国18歳以上の者への自殺対策に関する意識調査」でわかるように，私たちは「本気で死にたい」と思うことがとても多い。そして「死にたい」と思ったときは，必ずと言っていいくらいに，「どうやったら死ねるか」と，あれこれ「計画」を考える。そして，ロープを買い揃えるなど「準備」をすることも珍しいことではない。しかし，「準備」をしているからといって自殺リスクが切迫しているとは限らない。タンスの隅に隠してあるロープを隠したのは10年前だったりする。「計画」や「準備」がこのようなものなので，それでもって自殺リスクの程度を計れると考えるのは無理がある。

　しかし，矛盾したことを言うようだが，自殺を防止する活動で「希死念慮を確認する」ことはとても意味のあることだ。

　私たちは相手を選ばずに『希死念慮があるかどうか』をチェックしたりはしない。その人について何か気づいたときだけだ。気づいたことの中身は，漠然としたものだが，ほぼBPSASだ。漠然とほぼBPSASに気づいたとき，その人に声かけして，『ひょっとして死にたいと思っているのでは』と尋ねるだろう。ただし，決して，のっけから『あなたは今死にたいと思っているのではないですか』と尋ねたりしない。最初はさりげない声かけから始めて，様子を見ながら話を深めていって，こちらを多少信頼してもらえたところで，おもむろに「ひょっとして」と尋ねる。

　実は，声をかけられた人は，声かけに答えて話しているうちに，少しずつ混乱がほぐれる。混乱が少しほぐれると自分の希死念慮を言葉にできる。そして，その瞬間から，希死念慮のことを話題にして一緒に考えることができる。

このように，BPSASへの気づきから出発した「声かけ」に始まる流れの中で『希死念慮があるかどうかをチェック』することは，自殺防止のための働きかけとして，とても意味のあることだ。

VI 「自殺の危険因子，保護因子」とBPSASの関係

　どの自殺防止のための冊子やマニュアルにも「自殺の危険因子」「保護因子」という言葉が，掲載されている。例えば，日本精神神経学会などが発刊した「日常臨床における自殺予防の手引き」には，WHOの報告を引用して，表1-2のようなリストが掲載されている。「危険因子」として，精神疾患，アルコールまたは薬物の乱用，失業や経済的損失，「保護因子」として家族やコミュニティの支援に対する強い結びつき，などが挙げられている。

　特定の危険因子が "ある人" は "ない人" に比べて自殺率が高い。また，危険因子の数が "多い人" は "少ない人" に比べて**自殺率が**高い。危険因子を減らせば（そして保護因子を増やせば）**自殺者率**を確実に下げられる。なかでも，特別に強力な危険因子（失業など）を減らすと自殺者数を減らす効果が大きい。

　ところで一人ひとりの人について考えると，危険因子をたくさん持っていても，あるいは，保護因子を持っていなくても，ほとんどの人は自殺しない。例えば失業した人は10万人当たり15.9（国民平均）人ではなく30人自殺するかもしれないが，99,970人の人は自殺しない。反対に，危険因子をほとんど持っていない・保護因子をたくさん持っていても自殺する人がいる。一人ひとりの人については「危険因子があると自殺のリスクが高まる，危険因子が多いほ

表1-2 「日常臨床における自殺予防の手引き」精神神経学雑誌115（3）付録
などに掲載されている「自殺の危険因子と保護因子」

●危険因子（非網羅的リスト）	・自殺行動（メディアを通じたものも含む）や自殺者の影響への曝露
個人的因子	
・過去の自殺企図 ・精神疾患 ・アルコールまたは薬物の乱用 ・絶望感 ・孤立感 ・社会的支援の欠如 ・攻撃的傾向 ・衝動性 ・トラウマや虐待の経験 ・急性の心的苦痛 ・大きな身体的または慢性的な疾患 　（慢性的な疼痛を含む） ・家族の自殺歴 ・神経生物学的要因	**状況的因子** ・失業や経済的損失 ・関係性または社会性の喪失 ・自殺手段への容易なアクセス ・地域における，波及的影響を及ぼすような自殺の群発 ・ストレスの大きいライフイベント
	●保護因子
	・家族やコミュニティの支援に対する強い結びつき ・問題解決，紛争解決，不和の平和的解決のスキル ・自殺を妨げ自己保存を促すような個人的・社会的・文化的・宗教的な信条 ・自殺手段へのアクセス制限 ・精神的・身体的疾患の良質なケアに支援を求めること，アクセスしやすいこと
社会文化的因子	
・支援を求めることへのスティグマ ・ヘルスケアへのアクセスの障害（特に精神保健や物質乱用の治療） ・特定の文化的・宗教的な信条（例えば，自殺は個人的葛藤に対する崇高な解決手段だとする信念）	

自殺予防のための公衆衛生活動（Public Health Action for the Prevention of Suicide, WHO, 2012より）

ど自殺のリスクが高まる，逆に保護因子があると自殺のリスクが下がる，保護因子が多いほど自殺のリスクは下がる」とは言えない。

　一人ひとりの人の自殺リスクは，その人が，今，BPSASに陥っているか，あるいは，このままでは遠からずBPSASに陥る可能性があるかで決まる[*1]。

　社会全体の自殺率を見るときは，危険因子と保護因子を把握することが役立つ。一人ひとりの自殺リスクを見るときはBPSASに陥っていないかをチェックすることが役立つ。前者はマクロの視点であり，後者はミクロの視点である。経済学でマクロ経済学の視点とミクロ経済学の視点を混同してはならないように，自殺についても，マクロの視点とミクロの視点を混同してはならない。

Ⅶ　自殺のWarning SignsとBPSASの関係

　メンフィス大学のデイビット・ラッドなどが，「目の前の人に自殺リスクがあるかどうかをチェックする」には「危険因子・保護因子」とは別の指標が必要だと考え，Warning Signs[*2]を提唱している。その考えをもとに米国自殺学協会は2003年に「自殺学の専門家が集まってまとめた自殺の警告サイン」を打ち出している。Warning Signsのリストに並べられているのは，もっぱら希死念慮の訴えや自棄的な言動である。

[*1] 後述するが，BPSASに陥っているか見定める時に，危険因子や保護因子も含めてその人の事情がわかるととても参考になる。
[*2] M. David Rudd, et al.（2006）Warning signs for suicide: Theory, research, and clinical applications. Suicide and Life-Threatening Behavior, 36（3）; 255-62.

「目の前の人に自殺リスクがあるかどうかをチェックする」指標を作る必要があるという考えは正しい。私も同じ考えである。しかし，「自殺の警告サイン」として「希死念慮の訴えや自棄的言動ではなく」，BPSAS（自殺企図直前の徴候）を採用すべきだと私は考えている。

　警告サインとして「希死念慮や自棄的な言動」に着目した場合，それを把握するには，どうしても対象者から聞き出さなくてはならない。そのとき，聞き出す人にそれなりの聞き出し能力が必要になる。さらに聞き出そうとしても対象者は混乱していて希死念慮を訴えないかもしれない。それに比べて，BPSASは，言動の外形的な特徴（それも周囲の者に対する言動の外形的特徴）に着目する。言動の外形的特徴は把握しやすい。目の前の人の自殺リスクを把握するのにはるかに役立つ。

自殺学の専門家が集まってまとめた自殺の警告サイン
（米国自殺学協会　2003年）

- あなたやあなたの愛する人が自殺の危険があるかも？　次のような事実があったら行動しましょう
- 次のようなことを，あなたが言っていたら，また，誰かが言っているのを，聞いたり，行動しているのを見たら，すぐに救急車を呼ぶか，メンタルヘルスの専門家に助けを求めてください
    - 誰かが，自分たち自身を傷つけようとしていたり，自殺しようとしている
    - 誰かが，自殺する方法を探している，そのための薬，武器，他

の手段を探している

- 誰かが，死について，死ぬことについて，自殺することについて話したり書いたりしている

● 次のようなことを，万一誰かが言ったり，行動したりしているのを見たり聞いたりしたときは，メンタルヘルスの専門家に連絡するかTALKに電話して助けを求めてください

- 希望がないと言っている
- 怒っている，復讐しようとしている
- 無鉄砲な行動，危険な行動，無謀な行動をしている
- 追い詰められている，八方ふさがりだと思っている
- 飲酒量や薬の使用量が増えている
- 友人や家族や社会から離れようとしている
- 気分が大きく変動した
- 生きる意味がない，生きる目的がないと言っている

Consensus Warning Signs for Suicide by the AAS（American Association of Suicidology）In 2003 より

Ⅷ　BPSASのリストをより完璧なものにする

　前述の「BPSASのリスト」は果たして十分に妥当なものだろうか。それを検証する方法は簡単だ。大勢の専門職（自殺防止活動に従事している人，精神科医，看護師，臨床心理士など）が，それぞれにBPSASを収集し，収集したものを持ち寄れば良い。必ず"もっと完璧なBPSASのリスト"を作り上げることができる。

「BPSAS；自殺企図直前の特徴」を収集する方法

　BPSASを収集する方法としては，これまで三つのことが行われてきた
1．未遂者への聞き取り調査
　　張賢徳，など
2．心理学的剖検事例から収集する
　　WHOの報告書，エドウィン・シュナイドマン，張賢徳，飛鳥井望などの調査
3．診療，相談，心理療法を行っていて未遂・既遂した事例から収集する（自験例収集）
　　精神科診療所協会の「既遂例報告」など

三つの方法には，それぞれに危うさがある
〈未遂者への聞き取り調査から収集した場合の危うさ〉
　未遂者に聞き取りすると，未遂者は自分の未遂行為を"筋の通った物語"として述べることが多い。一種の"合理化"である。そのためにどうしても実態から乖離したものになってしまう。

〈心理学的剖検事例から収集した場合の危うさ〉
　診療録，日記や手紙，家族などからの聞き取りで収集したものは，
①診療録は診療に関連した断片的な情報で，診療に関係しないことは抜けている。しかも第三者が診療録を読むと，情報量が少ないだけに，解釈の幅が大きくなる。診療録からBPSASを読み取ることは難しい。
②家族などからの情報は，家族などの視点で見聞きしたことを，言語表現に整え，"筋の通った物語"として提供する。また，"わかり

にくいもの”が“わかりやすく”加工される。その結果，重要なことが抜け落ちてしまう。家族などの情報からBPSASを読み取ることは難しい。

③さらに，「日記や手紙などを読む」場合，読み込む・聞き取る者は，ついつい予断に沿って情報を収集し，収集した情報の解釈もついつい予断に沿って行ってしまう。結果として予断に沿った結論が出てくる。日記や手紙などからの情報からBPSASを読み取ることは難しい。

〈心理学的剖検は，解釈の幅が大きく，情報提供者の加工，読み込む・聞き取る者の予断による加工が起きるので，歪みが大きくなる〉

心理学的剖検に限らず，『後解釈；retrospective survey』は実態から乖離した結果が導き出されやすく，科学的方法とは言えない。あえて，その方法を使うなら，必ず前向的な調査による“追加の検証”が必要になる。

〈診療，相談，心理療法を行っていて未遂・既遂した事例から収集することの大変さ〉

診療していた事例では，直接に長期間関わり，患者のこと，患者の家族などのことなど全体像を具体的に知っているので，「自殺企図直前のサイン；BPSAS」を収集しやすい。しかし，最初のうちはどこに注目すべきかわからない。たまたま一つのケースで一度気づくと，別のケースでも感覚が鋭くなって気づきやすくなる。そして長く経験を重ねるうちに次第にBPSASのリストができあがる。それまでに長い時間を要する。もし，大勢の専門家が経験を持ち寄ることができれば，一気に時間を短縮でき，しかも個々の専門家の癖や個性を薄めたリストを作ることができる。

三つの方法を比較すると,「未遂者への聞き取り調査」や「心理学的剖検」は,短期間にたくさんの事例を用いてBPSASを収集できるが,内容がどうしても歪みがちだ。それに対して「自験例収集」は歪みが少ないが,膨大な時間がかかる。もし大勢の専門家が力を合わせれば短期間で歪みの少ないものを作ることができる。この方法がベストだろう。

第2節

BPSASの三つの特徴，
BPSASに陥っているときに
ありがちなこと

I　BPSASの三つの特徴

　目の前の人がBPSASに陥っているらしいとわかったとき，どのように対処したら良いか迷うだろう。そのとき"BPSASの特徴"を知っていると役立つ。BPSASは三つの特徴を持っている。

BPSASの三つの特徴

1. 変動しやすい
2. ほぐれやすい
3. 一人になると強まりやすい

---

1 変動しやすい

　自殺未遂した人が次のように述べていた。「朝目覚めた途端にどうしようもない不安が襲ってきた。顔を洗って，身支度しているうちに少し薄れた。仕事に出てからは不安を忘れていた。終業間近から，また朝と同じ気持ちになった」。この例のように多くの例でBPSASは変動しやすい。

　BPSASが変動しやすい場合は，周囲の者（ゲートキーパーになった人）が，あれこれ働きかけたりして時間稼ぎをすれば，BPSASがほぐれるかもしれない。ほぐれてくれば，少し余裕をもって対応できる。

　しかし，ケースによっては，時間稼ぎをしても一向にほぐれそうにないこともある。あるいはほぐれたように見えても，すぐに元に戻るときは，ひとときも目を離せない，しっかり保護しなくてはならない。後述するが，精神病性の症状を背景にしたBPSASは，しばしばとても強固で，一瞬ほぐれたように見えても，すぐに戻ってしまう。

2 ほぐれやすい

　『携帯電話が鳴って，自分がビルの屋上にいることに気づいた。あのときに携帯電話が鳴らなかったら自分はビルから飛び降りていたと思う』と述べていた事例がある。"携帯電話が鳴った"ことでBPSASがほぐれたのだ。この例のようにBPSASはちょっとした刺

激やちょっとした声かけでほぐれることがある。

　BPSASが疑われたときはちょっとした刺激，例えば"さりげない声かけ"などを積極的に行ってみるべきだろう。

　しかし，いろいろ"声かけ"しても全くほぐれないBPSASもある。とくに精神病性の症状を背景にしたBPSASはほぐしにくい。声かけでは，ほぐせそうにないとき，あるいは，どの程度ほぐれたのか見当がつかないときは，しっかり見守って，確実に保護するようにした方が良い。

3　一人になると強まりやすい

　ほとんどの自殺企図は一人でいるときに決行されている。

　自殺企図が一人のときに決行されやすいことは，BPSASが一人になると強まりやすいことを示唆する。このことから，BPSASが疑われるときや，ひょっとして，これからBPSASに陥るのではないかと疑われるときは，なるべく一人にしないようにした方が良い。

注3

　BPSASの三つの特徴，①変動しやすい，②ほぐれやすい，③一人になると強まりやすいは，要するに「BPSASは変動しやすい」ということだ。しかし，「BPSASは変動しやすい」と指摘しても，そのことが持つ意味を思い描ける人は少ないだろう。一つのことを，角

II　BPSAS に陥っているときに
ありがちなこと

　ある人がBPSASに陥っているとき，以下のようなことが観察され
ることがある。BPSASの辺縁かもしれない現象である。

1．"合理的〜理性的行動" でない
　　　"どう見ても合理的〜理性的ではない行動" が見られることが
　　多い。これは「唐突さ」ともつながることである。
2．助けを求めること（援助希求行動）が少ない
　　　助けて欲しい気持ち（援助希求）を抱いていても，混乱して
　　いるために，周囲の者に明確に訴えていない。同じように希死
　　念慮を抱いていても訴えなくなっていることが多い。

　BPSASに陥っているときはその人の内面は混乱している。そのた
めにこのようなことが起きてしまっているのかもしれない。もし，
こうしたことが見られる場合にBPSASに陥っていないかどうかを改
めて確かめる必要がある。

第3節

BPSASから
自殺企図への踏み出し

　BPSASに陥ってただちに自殺企図に踏み出したと推測される事例と，多少時間が経過してから踏み出したと推測される事例がある。どのようなケースが「BPSASから自殺企図への踏み出しまでの間隔」が短いか，長いのか知っていることは，対応を考える上で役立つ。

　BPSASから自殺企図までの間隔の違いには二つのことが関係しているようである。

1. BPSASのタイプ

　「曖昧，呆然，……」などBPSASが「混乱して動きなし」の群では，踏み出しまでに多少の間隔がある。それに対して，「追い詰められている，視野狭窄，……」などBPSASが「混乱して動きあり」の群では，踏み出しが早い。

2. 促進要因の有無

　特定の要因が加わると踏み出しが早まる。踏み出しを早める要因を促進要因driving factor（略称，d-factor）と呼ぶことにしよう。d-factorのリストを次に示す。

表1-3　d-factor：BPSASから自殺企図に踏み出しやすくする要因

①自傷・自殺企図歴がある
- 自傷・自殺企図をしたことがあると踏み出しやすくなる。頻回に繰り返してきた人は実に簡単に踏み出してしまう

②自殺や死ぬことへのリアリティが希薄
- 自殺を美化し憧れていた場合
- 子どもの場合（"死んで夜空の星になる"のメモ遺し投身など）

③飲酒や薬物の影響
- アルコールや，薬物の過量服薬は顕著に踏み出しやすくする

④心身の不調
- 特に不眠，疲労の蓄積

⑤踏み出しが容易な場所にいる
- 駅のホーム，ビルの屋上など

⑥自殺の名所に立つ
- 富士の樹海など

「自傷・自殺企図の頻回な繰り返し」事例の大変さ

　d-factorで最も危険なものは自傷・自殺企図を頻回に繰り返してきている人だ。その人たちは，ささいなきっかけで，あるいは，きっかけらしいきっかけなく，自傷・自殺企図に踏み出してしまう。

　「ささいなきっかけで，あるいは，きっかけらしいきっかけなく」自傷・自殺企図に踏み出してしまうのは，「実はBPSASから自殺企図への踏み出しの間隔」が短いだけでなく，"ささいなきっかけ，あるいは，ほとんどきっかけなしで" 容易に短時間にBPSASに陥ってしまうようになっていることが多い。

　自殺企図事例の中に一見 "BPSASに陥っていたようには見えなかった" 事例がある。そうした事例を詳しく見てみると，自験例ではほとんどが「それまで自傷・自殺企図を繰り返していた」事例であった。「自傷・自殺企図を繰り返していたこと」は「d-factor：促進因子」になる以前に，簡単にBPSASに陥らせる効果も持っているのだ。

　自傷・自殺企図を頻回に繰り返してきた人を，このあと自傷・自殺企図に踏み出さないようにするには，頻回に関わること，長期にわたって関わり続けることがどうしても必要だ。さらに，併せて，その人の中に形成されている「自傷・自殺企図の自動思考」をほぐす作業（心理療法）を行う必要がある。

　（のちほど『第3章第2節Ⅳ　「精神状態の揺らぎ」と「悪循環・発展」とがないまぜになること』で詳述）

第2章

BPSAS に至る
三つのプロセス

BPSASに陥っているのではと気づかれたときは，すぐに「この人の自殺リスクはどの程度か」を見立てなくてはならない。自殺リスクアセスメントである。

　見立てるためには，この人はどうしてBPSASに陥ったのか（経過や事情），わかりやすく言えばその人の“物語”を把握する必要がある。“物語”が把握できれば，おおよそのアセスメントはできる（正確なアセスメントのためにはいくつか他のこともチェックしなければならないが，それについては後述する）。

　BPSASに陥っている人の“物語”は，100人いれば100通りである。一つとして同じ“物語”はない。しかし，これまでBPSASに陥っていた大勢の人と接して，お話を伺った経験から，BPSASに至った“物語”は，大まかには三つのプロセス・タイプ（以下，簡略にプロセス）のいずれかであった。

　例えば，第1章で示した「事例A」は，5年前に会社が倒産し，そのあと転職を重ねるうちに，次第に飲酒癖，妻との不和，離婚，うつ状態となり，最後は過量服薬で自殺している。この事例のように「生活と精神状態の悪循環」が進んで，あるときBPSASに陥って自殺した例はとても多い。

　それに対して，同じく第1章で示した「事例C」は，父親と“女子生徒へのメールを止めろ，携帯を取り上げる，そんなことをしたら死ぬ，勝手に死ね”と応酬していて，次の瞬間にマンションから飛び降り自殺した。この事例のように，ある出来事をきっかけに，激しく興奮し視野狭窄し，短絡的な行動に走るといった「精神状態の大きな揺らぎ」から自殺した例も少なくない。

　さらに，「事例E」は，「お腹にいる声を止めようと思って」ハサミで腹部を刺して自殺に至った。統合失調症による「精神病性の症

表2-1　BPSASに至る三つのプロセス

---

1. 悪循環・発展（生活状況と精神状態の）

　　例：コミュニケーション能力が低い→対人緊張→社内不適応
　　→リストラ→自暴自棄→家族不和，生活困窮→うつ状態→縊死

2. 精神状態の揺らぎ

　　例：叱られる，不当に扱われる，いじめられる，別れ話→興奮，激
　　　　情，視野狭窄→短絡的な自殺企図

3. 精神病性の症状

　　例：幻聴に "命じられて" →割腹
　　例：苦悶感，不安焦燥が強まって→縊首

状」で自殺したものである。「悪循環」による自殺，「精神状態の揺らぎ」による自殺，「精神病性の症状」による自殺は，大きく異なっているので，分けて捉えるべきではないか。

　このうち「悪循環」による事例は，子細に見ると，「悪循環」でもって "問題が深刻になった" と見えるものが多いが，中には，その人にとって「発展」であったと捉えることもある。特に幼少期から次第に問題が大きくなっていった事例は，「悪循環であった」ことと，「発展成長してきた」こととがないまぜになっている。そう考えると，「悪循環」という表現ではなく「悪循環・発展」という表現を用いた方が適切であろう。

　一つひとつの事例を子細に見てみると，プロセスが重なり合っているように見えるものもある。

　例えば，『数年の間に悪循環・発展のプロセスが進んでいたところに，"家賃を滞納していて今月中に明け渡せと言われた" ことが最後

のダメ押しの一撃となってBPSASに陥った』といった事例がある。こうした事例はそれまでの経過を知らないと、「精神状態の揺らぎ」と捉えられてしまうかもしれない。

　あるいは、『交際相手から別れ話を切り出され「精神状態の揺らぎ」でBPSASに陥った』と捉えられていた事例について、生育史を詳しく見てみると、「悪循環・発展」の側面があったように見えてくるかもしれない。さらに、「精神病性の症状」からBPSASに陥ったと見えた事例も、精神疾患が影響して生活が苦しくなっていた経緯がわかると、「悪循環・発展」の側面もあったように見えるかもしれない。このように、どの事例も子細に見ると見れば見るほど込み入って見えるものだ。

　だが、自殺を防止するためには、細部に捉われず、大づかみに捉えることが役立つ。もし、たどっているプロセスが、おおよそ「悪循環・発展」である場合は、悪循環・発展の連鎖をどうにかして止めることが重要だ。「精神状態の揺らぎ」である場合は、とにもかくにも揺らいでいる最中に、腰を据えて関わり、揺らぎを鎮めることが重要だ。「精神病性の症状」である場合は、とにもかくにも精神科治療に迅速につなげる必要がある。

　このあと、三つのプロセス、一つひとつについて詳しく見てみよう。

第1節

悪循環・発展から BPSAS に陥る場合

I　悪循環・発展は簡単には起きない，悪循環・発展から簡単に BPSAS には陥らない

　政府が発表した「自殺総合対策大綱」（令和4年10月14日閣議決定）のサブタイトルは「誰も自殺に追い込まれることのない社会の実現を目指して」である。「大綱」の冒頭に「自殺総合対策における基本認識」として，「自殺は，その多くが追い込まれた末の死」とある。

　たぶん多くの人も，政府と同じように，"人は（失業や生活困窮で）追い込まれて自殺するのだろう"思っているのではないか。政府や，多くの人が思い描いている"自殺"は，ほぼ「悪循環・発展」による自殺だ。

　人は，何か嫌なことがあると，落ち込んだり，不安になったり，疑心暗鬼になったりする。しかし，大抵はしばらくすると（すぐに，数時間で，一晩寝ると，数日で）立ち直る。何か嫌なことがあったとしても，「悪循環・発展」は，そうそう起きることではない。さらに，「悪循環・発展」が起きても，BPSAS に陥ることはとても少ない。

どのような場合に「悪循環・発展」が起きるのか，さらに，どんな場合に「悪循環・発展」からBPSASに陥るのだろう。

1　「悪循環・発展」が起きるのはどのような場合か

　どのような場合に悪循環・発展が起きるのかを，「モデル事例：大学生がゼミ発表で失敗したあとの展開」で例示してみたい。

どんな場合に悪循環・発展が起きるか
──モデル事例：大学生がゼミ発表で失敗したあとの展開

1. 多くの学生は，ゼミ発表で多少の失敗をしても，終わるとホッとし，そのあとに悪循環・発展が起きることはほとんどない。
2. A君は，かなり準備をしてゼミに臨んだのだが，指導教授から厳しく駄目出しされた。その場の空気が固まるような叱られ方だった。ゼミ仲間からあきれられたように思えた。その後，続けて3回ほどゼミを欠席してしまった。3回欠席したので単位をもらえなかった。そのゼミは必須科目だったため留年となる。留年したため奨学金を打ち切られた。アルバイトしたが，学資を賄えなかった。結局，中途退学してしまった。A君は，多少打たれ弱いものの，ごく普通の学生である。小さなつまずき（ゼミで叱られたこと）をきっかけに，運の悪さが重なって，悪循環・発展が進み，いつしか大きなつまずきになった。
3. B君は，卒業目前の2月に学生相談室に「眠れない，動悸がする」

と訴えて相談してきた。「まだ就職先が決まっていない，就職できたとしてもやって行ける自信がない」という。しかし，大学での成績は，「A」が多く，良好であった。それを指摘しても，自分は駄目だと言い張る。この大学に入って良いことはなかったと言って，入学した直後の最初のゼミでしどろもどろの発表しかできなかったエピソードを語る。打ちのめされたという。そのあとも，発表や語学の授業で指されて答えるたび，うまくできなかったという。そして，自分は駄目人間だと言い張る。同級生に友人がいないという。それでも，授業もゼミも欠席していない。レポートも提出日までにきちんと提出している。学生相談室での面接所見や心理テストから発達障害を疑わせる所見はなかった。ご両親ともに，とても控えめで地味な方であった。ご両親の話で，「息子は気が小さくて真面目で几帳面です。我が家は皆，そうです」と言っておられた。

　B君は，際立って，小心，生真面目，几帳面であった。その性格のために小さな失敗を深刻に考えてしまう。**入学直後のゼミ発表での失敗のあとから，ことあるごとに，ますます自分を否定的に評価してしまっていた。**自己評価が低いため，友人を作れず，社交性が育たず，成績が良かったにもかかわらず就職活動で内定をもらえなかった。そして，卒業を目前にして追い詰められ，不安症状を強めていた。**性格特徴を背景に起きた悪循環・発展である。**

4．C君は，現在3年生だが，単位取得ゼロで，実質1年生である。そのことを両親が最近になって知り，両親が本人を伴って学生相談室に相談してきた。学生相談室での本人との面談で，「**入学直後の基礎ゼミで発表の途中で立ち往生した。**ゼミ発表を失敗したあとから大学には登校していない」という。アパートでゲームをやっていたとのこと。小学生のときはクラスに馴染めなかった。

中学2年生から不登校，高校中退，「高卒認定資格」で受験し，大学に入学したのだという。面談での所見，心理検査の結果，これまでの経過と併せて，C君は発達障害（アスペルガー症候群）と判定された。発達障害のために，幼少期から悪循環・発展のプロセスが進行していたこと，ゼミ発表の失敗をきっかけに，長期の引きこもりになっていたことがわかった。

　上記のモデル事例からイメージできるように，ある人に悪循環・発展が起きるかどうかは，**外的要因と内的要因の絡み合いで決まる**。このうち，

- 外的要因は「つらい出来事や状況」や「運の悪さ」である。
- 内的要因は「その人の特徴」である。それも "**悪循環・発展を起こしやすい**" 特徴である（"悪循環・発展を起こしやすい" 特徴については次の小節で述べる）。
- 「支援者がいない」ことは，外的要因（たまたま周りに支援してくれる人がいなかった）のこともあるが，内的要因（人付き合いが苦手で周りの人との関係が希薄だった）のことも，両方が重なっている場合もある。

表2-2　悪循環・発展の要因

外的要因	つらい出来事・状況	生活困窮や多重債務，破産 がん，脳卒中，難病など重い身体疾患 家族内葛藤，離婚，死別など
	運の悪さ	"悪いことは重なる" "弱り目に祟り目"
中間的要因	支援者がいない	たまたま支援者がいなかった 人付き合いが苦手で周囲との関係が希薄
内的要因	その人の特徴 （悪循環・発展を起こしやすい）	性格特徴，認知能力の特徴 気力のなさ，不安の強さ，うつ状態，不安定などが顕著であった

　「精神病性の症状」が影響している場合は「悪循環・発展」とは見なさない。

　「精神病性の症状」（幻覚妄想状態，強いうつ状態，など）があるときは，その人の行動は「精神病性の症状」に支配されている。一見「悪循環・発展」のように見えても，それは「精神病性の症状」に支配されて起きていることであり，「悪循環・発展」とは違う。

2 悪循環・発展からBPSASに陥るのはどのような場合か

悪循環・発展が起きたとしても，そのあとBPSASに陥るとは限らない。陥らないことの方が多いだろう。

では，悪循環・発展からBPSASに陥るのはどのような場合なのだろう。

ありがちな三つの事例を示して考えてみたい。

事例F

57歳，男性

父親の代からの履き物屋を営んでいた。10年前に大手スーパーが近所に進出してから年々売り上げが減少，経営状態が悪くなる。その頃から酒量が増え，時折，酒乱。妻や息子，娘から相手にされなくなる。1年前に息子と娘が家を出る。半年前に妻が実家に戻る。

5月初めに店が1週間も閉まったままなのを近所の人が心配して警察に通報。自宅で縊死しているのを発見された。

　　事例Fの悪循環・発展は，大手スーパーが進出して家業の経営状態が悪くなったこと，周囲からの支援が無かったことが外的要因となっていた。本人に商才がないこと，対人関係の不器用さ，家族との関係も良くないこと，アルコール依存が内的要因となっていた。外的要因は，ざっくり言えば，"本人にとってのつらい出来事，つらい状況，運の悪さ"である。それに対して内的要因は，対人関係の不器用さなどだが，これらには特徴がある。"持続的な傾向"であること，それもかなり強固である

ことだ。外的要因の影響も大きいが，それ以上に内的要因が強固で持続的であったので，悪循環・発展がBPSASにまで至ったのではないか。

事例G

24歳，男性

　幼少時より対人関係で摩擦が起きがちであった。小学校では仲間外れになることはなかったが，中学でいじめの対象となり不登校がちになった。高校はサポート校に入ったがほとんど引きこもっていた。高校卒業後，家計のために皿洗いなどのアルバイトに従事するが，仕事先の人との関係が負担で，長続きしていない。

　20歳のとき，母親が乳がんとなり，3年後に病死。その後は，以前から折り合いの悪い父親と本人の二人暮らしとなった。父親との口論，喧嘩が絶えなかった。母親が亡くなって半年経過したある日，父親と激しく口論した2日後に家出。その1週間後に投身自殺。

　　事例Gの悪循環・発展は，母親が亡くなったあとに母親に代わる支援者を得られなかったこと，父親と折り合いが悪かったことが外的要因となっている。本人が，幼少期から対人関係で傷つきやすいこと，父親（理屈っぽくて強引な人）と折り合いが悪かったことが内的要因となっている。外的要因は"本人にとってのつらい出来事・状況，運の悪さ"であるのに対して，内的要因となった，対人関係で傷つきやすいことは"顕著な個性や傾向"であった。外的要因と内的要因が絡み合って起きた悪循環・発展であったのでBPSASにまで至ってしまったのではないか。

事例H

35歳，女性

　交通事故で夫を亡くしたあと，郷里で仕事が見つからなかったので，6歳の娘を連れて東京近辺に引っ越す。つましいながらも幸せな生活であった。2年経過したとき，子どもが難病にかかり，それと前後して父親が認知症を発症，さらに母親が骨折で入院。休日は郷里に戻って家族の看病と介護を懸命に頑張っていた。その頃から仕事のミスが多くなる。ミスが多くなってから職場で孤立してしまう。あるとき，仕事で大きなミスをし，会社から弁償を求められ，求められるままに弁償。弁償したために生計が行き詰まる。家賃滞納で退去勧告された3週間後，マンション3階のベランダから飛び降りた。幸い両かかとの骨折ですんだ。

　振り返ってみて「どうして飛び降りたのか自分でもわからない」と述べている。

　　事例Hの悪循環・発展は，夫の死亡，家族の看病と介護，仕事のミス，弁償，マンションからの退去勧告などが続いたこと，周囲からの支援を得られなかったことが外的要因となっている。本人は律儀過ぎるほど律儀で，要領が悪かった。それが内的要因となっていたのではないか。**外的要因は"本人にとってのつらい出来事・状況，運の悪さ"であるのに対して，内的要因は"顕著な個性や傾向"である。外的要因と内的要因が絡みあって起きた悪循環・発展だったので，BPSASにまで至ってしまったのではないか。**

　三つの事例に共通するのは，外的要因として"本人にとってのつ

らい出来事・状況，運の悪さ”があったこと，内的要因として“本人に顕著な個性や傾向”があったこと。それらが絡み合って悪循環・発展が起き，その悪循環・発展はBPSASにまで至ってしまったことである。こうしたことは三つの事例に限ったことではなく，悪循環・発展からBPSASに陥ったほとんどの事例に共通して見られることなのではないだろうか。

　病気，仕事上のミス，失職，倒産，多重債務，生活困窮，争い，震災，など外的要因にはいろいろなことがある。“つらいこと”ほど，それをきっかけに悪循環・発展が起きやすいだろう。しかし，悪循環・発展が起きても，大勢の人はまもなく立ち直れるが，<u>たまたま，ある程度以上の“顕著な個性や傾向”を持っていると，それが内的要因となって，悪循環・発展からBPSASに至ってしまうのだ。</u>

　大変な出来事，例えば，大震災，戦争，パンデミックのとき，しばらくの間，自殺者が激減する。これは外的要因が激しくても，緊張興奮のために，ほとんどの人の内的要因が一時的に変化するからではないか。しかし，しばらしたあとに，今度は自殺者が急増する。これは緊張興奮が鎮まるにつれて，それまで一時的に抑えられていたいつもの内的要因が戻ってくるからではないか。

　ところで，“顕著な個性や傾向”は決してネガティブなことではない。事例Fは，対人関係が不器用で，家では内弁慶で家族を困らせていたが，隣人からは悪く思われていなかった。事例Gは，対人関係に傷つきやすい人であったが，真っ正直な人であった。事例Hは，律儀過ぎて，生真面目で，とても優しい人であった。

BPSASにつながりかねない“顕著な個性や傾向”で，最も多いの
は「一途な」人，「とても固い人」である（例えばオペラでは一途な
人が運命に弄ばれて非業の死を遂げる物語が多い。オペラは劇的で
感動的だ。それに対して私たちの生きざまはあまり一途ではないし，
ひどく固くもない，だからオペラのように劇的な人生にはなりに
くい）。

“顕著な個性や傾向”という表現は抽象的である。いざ具体的に考
えようとすると幅があり過ぎ，拡大解釈が起きかねない。拡大解釈
が起きると差別や偏見を引き起こしかねない。そうなるのを避ける
ためには“顕著な個性や傾向”を具体的な尺度で表した方が良い。
その尺度として使えそうなものがある。「精神科受診歴」である。

3　悪循環・発展からBPSASに陥りやすくなることの指標としての「精神科受診歴」

「精神科受診歴」について，二つのデータをお示ししたい。一つ
は，都内で自傷・自殺企図で救急搬送されたケースの「精神科受診
歴」，もう一つは東京都の電話相談窓口である「東京都自殺相談ダイ
ヤル〜こころといのちのほっとライン〜」に相談してきた方の「精
神科受診歴」である。

a 都内で自傷・自殺企図で救急搬送された事例の精神科受診歴

東京都医師会で平成26年4月〜6月中に都内の全救急医療機関を

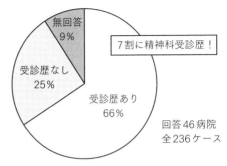

救急医療機関に自傷・自殺企図で救急搬送された患者についての実態調査報告；東京都医師会精神保健医療福祉委員会，平成26年

図2-1　自傷・自殺企図者の精神科受診歴

　対象に自傷・自殺企図を行って搬送された患者について調査を行った。二次救急医療機関98施設／232施設，三次救急医療機関10施設／26施設から回答があった。回答のあった医療機関のうち，自傷・自殺企図事例を受け入れていたところは半数弱の46施設であり，受け入れ患者数は236人であった。それらの患者の精神科受診歴をみたところ，約7割に受診歴があった。精神科受診先の内訳は6割が精神科診療所であった（東京都医師会「救急医療機関に自傷・自殺企図で救急搬送された患者についての実態調査報告」より）。

　精神科受診歴のある患者の病名の内訳は，統合失調症はわずかに8％であった。最も多いのは気分障害で38％，ついで神経症性障害12％，その他はパーソナリティ障害，発達障害などである。"気分障害"には"うつ状態"も含まれている。"神経症性障害"には不安障害だけでなく不安状態も含まれている。この数字からわかるよう

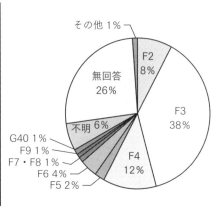

病名リスト	
F0.	認知症・器質性精神障害
F1.	薬物・アルコール
F2.	統合失調症
F3.	躁・うつ・気分障害
F4.	パニック・強迫・神経症
F5.	摂食障害・睡眠障害等
F6.	パーソナリティ障害
F7.	知的障害
F8.	発達障害
F9.	行動・情緒障害
G40.	てんかん

図2-2　受診歴のある者の精神科病名

　に，精神病性のものは少なく，多くは非精神病性であった（さらに，精神科通院歴が無かった者についても，その3割に「気分障害，パーソナリティ障害，神経症性障害」などの非精神病性疾患が疑われた）。

　自傷・自殺企図で救急搬送された者について，精神科受診歴がある者がこれほど多いのは驚きである。

　自傷・自殺企図で救急搬送された者の自傷・自殺企図は，「悪循環・発展」によるもの，「精神状態の揺らぎ」によるもの，「精神病性の症状」によるものが混在している。しかし，統合失調症が8％と少ないことから，「精神病性の症状」による者は少ないと推測される。多くは「悪循環・発展」か「精神状態の揺らぎ」によるものだろう。その人たちの多くが，精神科受診歴，即ち，「自ら精神科を受診していた」経緯を持っていた。「自傷・自殺企図で救急搬送された人」の多くは「自分一人では解決できない，周囲の人には相談しに

くい心理的問題」を抱えていたのではないか。このことは，前述した「悪循環・発展からBPSASに陥った人は"顕著な個性や傾向"を内的要因として持っている」ことと相応しているのではないか（「精神状態の揺らぎ」の場合については後述）。

「自分一人で解決できない，周囲の人には相談しづらい，心理的課題を抱えていて精神科を受診しなくてはならなかった」ことを『精神科受診しなくてはならないような生きづらさ』と言い換えて，短くNOPSs; Need of Psychiatric Supports と表現するのはどうだろう。

---

b 「東京都自殺相談ダイヤル〜こころといのちのほっとライン〜」の相談者の精神科受診歴

　東京都が行っている自殺防止のための電話相談窓口「東京都自殺相談ダイヤル」に相談してきた方の7割は希死念慮を訴えていた方であった。希死念慮を訴えていた方の自殺リスクの程度の内訳は図2-3のようであった。自殺リスク「低」の方が多いが，ほとんどの方が自殺リスクを持っていた。

　自殺相談ダイヤルでは，なるべく精神科受診歴の有無をお聞きするようにしている。その結果を集計してみたところ，現在通院中の人が65.4％，以前は通院していたが現在は中断している人が5.8％であった（図2-4）。精神科受診歴のある方が約7割を占めている。精神科受診歴の多さに驚かされる。

　「精神科受診歴」のある方は，「自傷・自殺企図で救急搬送された人」の場合と同じように，「自分一人では解決できない，周囲の人に相談できない，心理的問題を抱えていた」方であろう。何らかの"顕

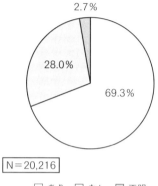

2019年度に東京都自殺相談ダイヤルで
希死念慮を訴えていた人の割合

2.7%
28.0%
69.3%

N＝20,216

□ あり　□ なし　■ 不明

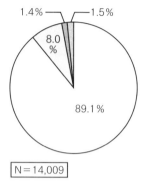

希死念慮を訴えていた人の
自殺リスクの分布

1.4%　　1.5%
8.0%
89.1%

N＝14,009

□ 低　□ 中　■ 高　■ 実行

図2-3　2019年度東京都自殺相談ダイヤルに相談してきた人の
自殺リスクの分布

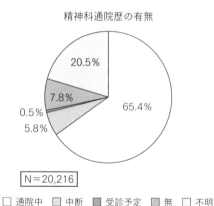

精神科通院歴の有無

20.5%
7.8%
0.5%
5.8%
65.4%

N＝20,216

□ 通院中　□ 中断　■ 受診予定　■ 無　□ 不明

図2-4　平成28年度東京都自殺相談ダイヤル相談者の
精神科受診歴

著な個性や傾向"が潜んでいた可能性が高い。もし悪循環・発展が起きたときは，BPSAS に陥る危険性がある人かもしれない。

II 「悪循環・発展」から BPSAS に至る段階

「この人は悪循環・発展のプロセスをたどっている」とわかったとき，すぐに問われるのは，既に BPSAS なのか，まだそこまで行っていない Pre-BPSAS の段階なのかの見立てである。まだ Pre-BPSAS の段階だとしたら，初期なのか，中期なのか，BPSAS 直前なのかを見立てなくてはならない。

BPSAS であるかどうかは，BPSAS についてあらかじめ知っていれば気づきやすい。難しいのは Pre-BPSAS が疑われる場合に，今どの段階にいるのかの見立てである。

悪循環・発展が始まると，不安，不平，不満，希死念慮を抱く。悪循環・発展が進むにつれて，それらは強まる。そのために，次第にゆとりが失われ，混乱した行動が増えるだろう。

悪循環・発展が始まったばかりでは，周囲の者への依存欲求（援助希求）が段々強まり，周囲の者に，不安，不平，不満を訴える。希死念慮も口にするかもしれない。しかし，ゆとりは失われていないので，訴え方は"整っている"だろう。

悪循環・発展が進むと，本人の訴えは強まり，頻度も増えるだろう。声高に希死念慮を口にするかもしれない。ゆとりが失われるので，表現が激しくなり，怒りっぽくなり，切れやすくなる。そんな本人の訴えに対して，周囲の者は引き気味になるだろう。周囲が引き気味なのに気づくと，本人の不安，不平，不満はさらに強まり，

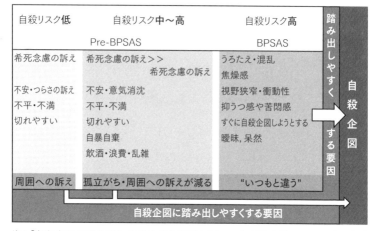

自殺リスク**低**	自殺リスク**中〜高**	自殺リスク**高**	踏み出しやすくする要因	自殺企図
	Pre-BPSAS	BPSAS		
希死念慮の訴え	希死念慮の訴え＞＞ 　　　希死念慮の訴え	うろたえ・混乱 焦燥感		
不安・つらさの訴え 不平・不満 切れやすい	不安・意気消沈 不平・不満 切れやすい 自暴自棄 飲酒・浪費・乱雑	視野狭窄・衝動性 抑うつ感や苦悶感 すぐに自殺企図しようとする 曖昧，呆然		
周囲への訴え	孤立がち・周囲への訴えが減る	"いつもと違う"		

自殺企図に踏み出しやすくする要因

注：「自殺企図に踏み出しやすくする要因；d-factor」が強く働いていると，まだBPSASに陥っていない，悪循環・発展の初期段階であっても，数は少ないが，自殺企図があり得る。その場合の自殺企図は"お試し的"に行われる例が多い。"お試し的"であっても，運悪く，既遂になってしまうことがある。

図2-5　悪循環・発展で自殺企図に至るまでの段階のイメージ

不信感も高まる。本人は周囲の者と口をきかなくなり，孤立を選ぶようになる。結果として，周囲の者と本人との距離ができる。それが周囲の者には，本人の訴えが少なくなった，落ち着いてきたように見えてしまう。だが，周囲の者には見えていないが，本人はゆとりを失い，うろたえ，自暴自棄，衝動的になり，自己破壊的行動をしているかもしれない。

　以上のことをまとめると，悪循環・発展で自殺企図に至るまでには「段階」があることが推測され，それはおおよそ図2-5のようになる。

悪循環・発展に，このような段階があることは，既遂・未遂事例で詳しく経過がわかっているものについて点検してみると容易にわかる。例えば，次のような事例があった。

K市小学生いじめ自殺事件

同級生から2年間にわたって執拗ないじめを受けたあとに自殺した事例（Wikipedia：「K市小学生いじめ自殺事件」をもとに改編）

●問題発生：「悪循環・発展」の初期
　女児。4年生の10月に転校した学校で，同級生から，「汚い」「臭い」「近寄るな」「プールがかび菌で汚れる」などからかわれるようになる。

●周囲の者に訴える：「悪循環・発展」の中期
　4年生〜5年生の間は，両親に訴え，作文にもいじめられていることをつづる。
　5年生の3学期には教師に訴える。しかし，教師は「いじめというのはあなたの勘違いですよ」といって取り合わなかった。その後に，いじめはさらにエスカレート。

●孤立する，逸脱する，訴えが減る：「悪循環・発展」の後期〜BPSAS直前の状態
　6年生の9月28日に席替えがあったあとから，**クラスで孤立**。班ごとに給食を食べることになっているのに，**班から離れて一人で食べることが多くなった**。

当時のことを，同級生の一人は，「いじめの中心になる子が何人かいて，他の子は何をされるかわからないから逆らえない。クラスはバラバラ」と述べている。

● 視野狭窄，混乱：BPSAS

10月中旬に「お父さん，お母さん，転校したい」「どんな遠い学校でもいいから歩いて行く」と，女児は何度も両親にすがっていた。

10月19日，20日と2日連続で学校を休んだ。

10月23日に母親へのプレゼントにするはずだった手編みのマフラーをカーテンレールにかけ首をつった状態で発見された。

希死念慮が訴えられる段階

悪循環・発展が進んでBPSASに至るまでの段階で，「希死念慮の訴え」はPre-BPSASの中頃，即ち，BPSASにはまだ距離がある段階で訴えられることが多く，さらに段階が進んで，BPSAS直前やBPSASに陥ると，「希死念慮の訴え」は目立たなくなると推測される。

この推測を裏付けるデータある。

• 「東京都自殺相談ダイヤル〜こころといのちのほっとライン〜」のデータから

前述したことだが，2019年度に東京都自殺相談ダイヤルに相談してこられた方の7割に希死念慮の訴えがあった。その方たちの自殺リスクの程度をチェックしたところ9割が「低」であった（リスクの高い人も少数いた）。

このことは，リスク「低」の段階の人が，この電話相談を利用することによって自殺リスクから逃れていることを示唆する。自殺防止における電話相談の役割を示すデータである。

• 精神科診療所の通院患者で自殺既遂した事例の調査から

　これも前述したことだが，東京精神神経科診療所協会では平成27年に続いて，平成29年にも自殺既遂例の調査を行った。平成29年の調査では，最終診察日に希死念慮を訴えていたかどうかを担当医に尋ねている。希死念慮を訴えていた方は17%と少なかった。この希死念慮を訴えていた方について，最終診察から既遂までの経過日数の分布を調べてみたところ図2-6のような結果が得られた。

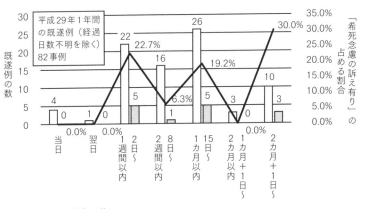

□ 既遂者の数
▨ うち「希死念慮の訴え有り」
── 「希死念慮の訴え有り」が占める割合　　　　　東京精神神経科診療所協会調べ

図2-6　最終診察日から既遂までの経過日数
そのうち「希死念慮の訴え有り」のケース数

「希死念慮の訴え」があった当日や翌日に既遂した方はおらず，翌々日から1カ月以内に既遂した方が多かった。BPSASに陥っているときは「希死念慮の訴え」は少ないこと，「希死念慮の訴え」は自殺既遂の先行指標になっていることがわかる。

III 「悪循環・発展」のケースの特徴

悪循環・発展のケースの特徴を四つ述べておきたい。

1.「悪循環・発展」のケースは，かなり関わらないと見えてこない

ひょっとしてBPSASに陥っているか，このままでは遠からずBPSASに陥りかねないかもと気づかれたとき，そして，その人にいろいろな事情，経緯があることがわかったとき，その人は“悪循環・発展から”BPSASに陥っているか，陥るかもしれないと見当がつく。しかし，見当がついても，その見当はごく表層的なレベルだ。その人にもっと関わっていかないと（深刻な）実像は見えてこない。見えてこないとその人に役立つ支援はできない。

2. 悪循環・発展では問題が“こじれにこじれていた”かもしれない

悪循環・発展が進行している間にたくさんのことが“こじれにこじれていた”可能性が高い。例えば，本人が家族を何年も責め続けていた，家族は責められ続けて本人に対して敵意しか持てなくなっていた，本人も責めるたびに自分に対してますます失望していた，などである。職場や学校で同じようなことが延々と続いていたかもしれない。悪循環・発展のケースは，悪循環・発展が進行する長い時間にどのくらい“こじれにこじれていた”のかが見えてこないと，

その人に役立つ支援はできない。

3.「悪循環・発展」の最後に「ダメ押しの出来事」で「精神状態が揺らいで」BPSASに陥るケースが少なくない

　悪循環・発展のプロセスが進んでいっているときにたまたま「ダメ押しの出来事」が起きて，それがきっかけで一気にBPSASに陥ったと思われる例がとても多い。例えば，生活が困窮し，うつ状態になり，ますます生活が困窮する悪循環・発展に陥っていた人が，ある日，"電気を止めると通告される"，"アパートの立ち退きを申し渡される"といったことで，一挙にBPSASに陥ってしまう，などである。「ダメ押しの出来事」で一気に「精神状態が揺らいで」BPSASに陥るのだ（精神状態の揺らぎについては後述）。

4. 悪循環・発展のケースは精神科を受診していたが中断していた例が多い

　悪循環・発展のケースでは，精神科を受診していたが中断している例が多い。精神科受診がその人にあまり役立たなかったためか，あるいは，BPSASに至って受診することが難しくなっていたためかもしれない。援助希求が薄れ，合理的な行動が取れなかった可能性もある。精神科医療としてもっとできることはなかったかが問われる。

IV 悪循環・発展からBPSASに陥っている・陥りかけている人の自殺を防止するには

ひょっとしてBPSASに陥っているか，このままでは遠からずBPSASに陥るかもしれないと気づかれたとき，そして，その人にいろいろな事情，経緯があることがうかがわれたとき，その人は"悪循環・発展から"BPSASに陥っているか，陥るかもしれないと見当がつく。そのような人の自殺を防止するにはどうすれば良いだろう。

その人は，精神的に追い詰められていて，生活（状況）も行き詰まっている，周囲の人との関係もこじれにこじれているだろう（"もつれた糸"に例えられる）。こんなときは「ほぐせるところからほぐしていく」しかない。

まずは，支援者（ゲートキーパー；詳しくは後述）がその人の話を聞く。大変さを聞いてもらえたことでその人の気持ちは少し楽になるだろう。少し楽になると，混乱して考えられなかったのが少し考えられるようになるかもしれない。考えて何か打開策が考えられたらその人の気持ちはさらに楽になり，動き出せるかもしれない。動いてみて上手くいったら，もっと気持ちは楽になる。"気持ち，考え，行動，成果"の良循環である。良循環を重ねて危機的な状況から抜け出すのだ。

危機的状況から抜け出せるまでにどのくらい時間がかかるだろう。人によって，その人の事情によって違うが，私の経験からは，どんなに短くても1カ月以上はかかる。しかも，その間は二つのことを覚悟していなくてはならない。一つは「波瀾があること」，もう一つは「何度も壁にぶつかること」である。

「波瀾がある」と覚悟しておく

悪循環・発展が進行している間（数カ月〜数年〜それ以上）に，例えば，家族との関係はこじれにこじれていただろう。あるとき，悪循環・発展から抜け出そうとして，意を決して，家族との関係をやり直そうとしたとき，家族は簡単には受け入れないだろう。それに本人が切れ，そのあと大荒れになるかもしれない。職場や学校についても同じだ。しかし，重要なことは，支援者がいる中での波瀾は，それまでの波瀾（波瀾がさらに大きな波瀾につながる）とは違う。波瀾が家族関係修復の"きっかけ"になりうるかもしれないのだ。

「何度も同じ壁にぶつかる」と覚悟しておく

少しずつ良循環が進み，少し安心しかけたところで，突然，壁にぶつかってしまうことが何度もある。

"こだわらなくても良いことにこだわる"，"謝ればすむことを謝らない"といったことが原因のことがとても多い。壁にぶつかるたびに，この頑なさや不器用さのために，この人は悪循環・発展のプロセスが起きてしまったのだと改めて気づかされる。支援していても，この頑なさや不器用さが何とかならないと，壁にぶつかり続けることになってしまう。

このことに気づいたとき，支援者は，何とかして本人の頑なさや不器用さを修正したいと考える。しかし，すぐに修正は難しいと気

づくだろう。本人の頑なさや不器用さは「本人の顕著な個性や傾向」によるものだ。これは一朝にして作られたことではない。本人の性格特性や気質も関係しているだろうが，それに加えて，長い間に培われ強化されてきたものである。修正はほぼ困難だ。

　修正できないとしてどうするか。拙い面を減らす方法（個性や傾向を活かす方法）を見つけ出すしかない。まずい面をどうしたら減らせるか本人に考えてもらう（或いは，本人と一緒に考える）ことがとても必要だ。

「顕著な個性や傾向」への取り組み

　本人の「顕著な個性や傾向」を受け入れ〜認めながら，まずい面を減らす工夫することは，大変な作業のように思われるかもしれないが，多くのケースでは，それほど大変ではない。それは本人が自分の「傾向」を（表向き）強く肯定していても，自分の「傾向」のためにこれまでうまくいかなかったことも薄々気づいている，気づいていても，打開策が見つけられないでいた例がとても多いからだ。そのようなケースでは，支援者からの指摘で「傾向」の良い面と悪い面に明確に気づき，さらに「傾向」を活かす工夫や工夫のヒントをもらうと，それがきっかけで割り合い短期間に成功することが珍しくない。

　しかし，「顕著な個性や傾向」がとても顕著でかつ根が深いときはある。そのときは，多少の工夫や工夫のヒントくらいでは役立たない。特別な対策が必要になる。具体的には，本人と支援者とで，「顕著な個性や傾向」を対象化して，それを活かす方法を本人に考えて

もらい，考えてもらったことを実行することを繰り返す。この繰り返しを長期間続けて，本人に自分なりの方法を編み出し身につけてもらう。これは認知行動療法的な手法である。

第2節

「精神状態の揺らぎ」から
BPSASに陥る場合

I　「精神状態の揺らぎ」から，BPSASに陥り，
自殺企図に至った事例

　特定の出来事，例えば，別れ話，上司からの叱責，いじめを受けたなどをきっかけに気持ち（精神状態）が大きく揺らいでBPSASに陥り，自殺企図に至ることがある。事例を示してみたい（表2-3）。

表2-3　「精神状態の揺らぎ」からBPSASに陥り自殺企図した事例

事例番号	性別年齢	精神状態の揺らぎによるケース概要	背景事情精神科受診歴	出来事と企図の間隔
事例Ⅰ	女性32歳	夫の出勤間際に，ささいなことから口論になり，次第に激昂。夫は本人を振り払って家を出た。その直後に，手首と首を自傷し，2階から飛び降りる。幸い足首を骨折しただけで未遂に終わる。	2年前に産後うつ。それ以来，不安定になる。ささいなことで夫婦喧嘩が起きた。	直後

表2-3 「精神状態の揺らぎ」からBPSASに陥り自殺企図した事例（つづき）

事例番号	性別年齢	精神状態の揺らぎによるケース概要	背景事情精神科受診歴	出来事と企図の間隔
事例J	女性35歳	その日，半年前から交際していた男性から電話で別れ話。電話口で言い争い。本人「死んでやる」と言って電話を切る。男性がアパートに駆けつけたところ，過量服薬と大量飲酒をして，昏睡状態であった。	17歳の頃から最近まで，リストカットと過量服薬を繰り返していた。「うつを治す」ために不定期に精神科を受診していた。	数時間
事例K	男性35歳	就労支援施設で，皆で作業をやっているとき，本人は一人離れていた。それをスタッフが注意したところ，施設を飛び出す。近くの歩道橋に上がって欄干から飛び降りようとしていたのを通行人が必死で止め，警察官が保護。	中学の頃に発達障害と軽度知的障害と診断された。診断のみで受診はしていない。以前にも同じようなエピソード。	直後
事例L	男性12歳	教室の授業中，宿題を忘れたことを教師から「これで3度目だ」と叱られた。その直後に，教室の窓に突進し，飛び降り。	小学校で，落ち着きのなさが顕著で教育相談，心理検査で発達障害の傾向。その後精神科受診せず。以前にも同じようなエピソード。	直後
事例M	男性14歳	その日，クラスのいじめグループが，本人の弁当を捨てる，教科書を隠すなど，本人をターゲットにしたいじめ。本人が教師に訴え，教師がいじめグループに注意して，その場は収まった。その日の夜，母親が帰宅したところ，自室で縊死していた。友人と担任教師を恨む内容の遺書があった。	精神科受診歴なし。大人しい，目立たない子ども。クラスメートに親しい友人はいなかった。	数時間

事例番号	性別年齢	精神状態の揺らぎによるケース概要	背景事情精神科受診歴	出来事と企図の間隔
事例N	男性35歳	2週間前に，会社の同僚であった交際相手から，突然別の人と結婚することになったと言われた。納得出来ず，その日，早朝交際相手のマンションのドアを叩き続けた。交際相手が110番。警察が駆けつけると，逃げ出し，線路の踏切で電車に飛び込もうとしたところを警察官が保護。	精神科受診歴なし。「思い込みが強い」と同僚などから言われていた。	直後
事例O	男性50歳	痴漢容疑で逮捕。3日後に処分保留のまま釈放。釈放の日に職場から"当分の間自宅謹慎するように"と指示，それ以来，自室にこもる。家族に何も喋らず，家族も本人に何も声かけしなかった。釈放の4日後の深夜に縊死。	精神科受診歴なし。	1週間
事例P	男性21歳	スーパーで万引きしていて店員に捕まる。店員と話しているうちに逃げ出し，近くの屋上に上がり，飛び降りる。即死であった。	精神科受診歴なし。	直後
事例Q	男性84歳	老夫婦の二人暮らしであった。妻が風呂場で死んでいた。検死で心臓発作と推定。妻の葬儀を終えて5日目に，自宅で縊死する。	精神科受診歴なし。歩行に軽度障害があり要介護1。しかし介護保険は使用せず。	4日後

表2-3 「精神状態の揺らぎ」からBPSASに陥り自殺企図した事例（つづき）

事例番号	性別年齢	精神状態の揺らぎによるケース概要	背景事情精神科受診歴	出来事と企図の間隔
事例R	男性52歳	妻の行動を点検しないではいられず、そのことからDVを繰り返していた。妻が2カ月前にシェルターに入った。その直後から市役所にたびたび押しかけるようになる。ある日、市役所の職員と口論していて激昂。直後に屋上に駆け上がり、屋上から身を乗り出す。「妻を連れてこなければ飛び降りて死ぬ」と叫び始める。警察官が時間をかけて説得、警察官が身柄を確保して、ひとまず収まった。	精神科受診歴なし。職場で「しつこい」ために同僚から敬遠されていた。	直後
事例S	男性40歳	保健所職員、市民からクレームが絶えない。杓子定規な対応が原因。上司同僚から嫌われている。市民からのクレームがマスコミに取り上げられ、保健所に非難殺到。上司から強い指導を受け、異動を命じられる。数日後に縊死する。	杓子定規なために周囲から孤立していたが、本人は気にせず、マイペース。	数日後
事例T	男性20歳	大学2年生、ある日、急に暗い表情、家族の問いかけに答えない。部屋にこもったままなので家族が覗いたところ縊首企図をしようとしていた。問いただしてわかったことは、来週のゼミ発表ができそうにないということだった。家族が担当教官に頼んで、ゼミ発表をレポートにかえてもらったところ、いつもの明るさが戻った。	17歳で統合失調症を発症。治療が進み、幻聴など陽性症状は消失。寛解状態。生真面目で無欠席。しかし、大学で課題が出されるたびにゆとりがなくなる。	数日後

出来事と自殺企図の時間的間隔の幅

　これらの事例について出来事と自殺企図との時間的間隔をみると出来事の"直後に激しく反応"，興奮，視野狭窄して自殺企図したものと考えられる。出来事の"直後は当惑"，次第に怒り，不安，恐怖，絶望感が膨らみ数時間から数日して自殺企図したものがある。

II　「精神状態の揺らぎ」から
自殺企図が起きる場合とは

　表2-3のように，出来事をきっかけに精神状態が揺らいで自殺企図が起きることがあるが，これはかなり特異なことだ。

- 事例Iは夫との口論のあと，夫が家を出た直後に自殺企図した。しかし，夫婦の口論はありふれたことだ。そんなことがあってもほとんどの人は自殺企図しない。
- 事例Jは別れ話で言い争ったあと「死んでやる」といって過量服薬した。しかし，男女の別れ話もありふれたことで，そのとき「死んでやる」ということも良くあることだ。本当に実行してしまうことはとても少ない。

　どのような場合にこのようなことが起きるのだろうか。
　考えられるのは三つの場合だろう。①出来事が重大だった場合，②その人の精神状態が揺らぎやすかった場合，③両方が重なっていた場合だ。

しかし，出来事がどんなに重大であっても，例えば，破産，失業，病気，身近な者を亡くすといったことがあっても，「重大さの程度」はその人その人で随分違う。つまり「出来事の重大さ」の半分は「その人の精神状態の揺らぎやすさ」次第だ。ということは，ある出来事から精神状態が揺らいで自殺企図が起きるかどうかは，ほとんど，その人の「精神状態の揺らぎやすさ」で決まるのだ。

　「精神状態の揺らぎやすさ」とはどのようなことだろう。「精神状態の揺らぎからの自殺企図事例」を点検してみると，多いのは次の三つの類型だ。

自殺企図につながる「精神状態の揺らぎ」
良くある三つの類型

1. 情動の不安定さ，ストレスへの脆さ

　事例Iは夫婦喧嘩から激昂し，一人になったときに自殺企図した。背景に産褥期精神障害があった。産褥期精神障害では，一人になると途端に不安が高まるなど顕著に不安定になることが多い。

2. こだわりやすさ

• 納得できないことに激しく反応

　事例Jは交際相手からの別れ話に納得できず激しく反応。

　事例Nも別れ話に納得できず激しく反応。犯罪者扱いされたことにも激しく反応。

　事例Qは長年連れ添った妻が急死したあとに激しく反応。

- 何事につけ執拗にこだわって問い質す

　　事例Rは普段から妻の行動を点検しないではいられないだけでなく，何事につけ執拗にこだわり，問い質す。問い質しに応えてもらえないと激昂して短絡的行動。

- 決まりや形にとらわれ，周囲と摩擦

　　事例Sは，杓子定規で決まりや形にとらわれる。そのために周囲と摩擦が絶えなかった。周囲との摩擦が大きな問題になって追い詰められてしまった。

3. 追い詰められやすさ

　　事例Kは通所している施設（発達障害と軽度知的障害と診断されていた）でスタッフからの叱責に激しく反応。以前にも同じようなエピソード。

　　事例Lは教師からの叱責から一気に追い詰められた。以前にも同じようなエピソード。

　　事例Mはクラスメートからのいじめ・からかわれたあとに自殺企図。以前からかわれやすかった。

　　事例Oは痴漢容疑で逮捕拘留されて追い詰められた（過去エピソード不詳）。

　　事例Pは万引きが発覚して一気に追い詰められた（過去エピソード不詳）。

　　事例Tは，以前から（難しそうな）課題を前にした途端にゆとりを失う。

三つの類型は，それぞれが「顕著な個性や傾向」だ。「精神状態の揺らぎによる自殺企図」でも「顕著な個性や傾向」が重要なのだ。
　ところで「悪循環・発展からの自殺企図」の場合に見られた「顕著な個性や傾向」は，対人関係での不器用さ，傷つきやすさ，真っ正直さ，律儀さであった。「顕著な個性や傾向」の内容がかなり違う（一部重なっている場合もある）。

　「精神状態の揺らぎ」で見られる「顕著な個性や傾向」も，「悪循環・発展」の「顕著な個性や傾向」と同じように，それ自体はネガティブなことではない。多くの人が指摘しているように，"こだわりやすい，執拗"から，私たちの生活は整えられ，法律や社会制度が整えられ，科学の法則や定理が発見されてきた。ポジティブなことでもある。外的要因（重大な出来事・運の悪さ）との絡み合いでネガティブなことになってしまうことがあるのだ。

精神疾患と精神状態の揺らぎやすさにつながる
「顕著な個性や傾向」

統合失調症を持っている場合
　次のグラフは，主に統合失調症を持っている当事者とその家族にアンケート調査した結果である。「最近1カ月に体験したこと」を選んでもらったところ，「死にたい気持ちが高まった」ことにチェックした人が2割に上っている。このことは，日常的な出来事から「死にたい気持ち」に陥ってしまうことがたびたびあることを示している。

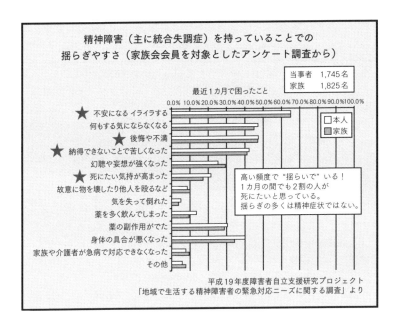

表2-4　精神障害（主に統合失調症）を持っていることでの揺らぎやすさ

● 気分障害（うつ病・躁うつ病）を持っている人の場合

　気分障害（うつ病・躁うつ病）を持っている人の中には，TVのニュースで事件の報道を見てひどく不安になり，暗い気持ちにさせられるのでTVニュースは見ないようにしている人がいる。また，身近な人が亡くなった，身近で事故が起きた，大きな災害が発生したといったときに，気持ちがひどく昂ぶってしまう，ひどく悲嘆してしまうことが良くある。一言でいえば，情緒が不安定なことが多い。こうした情緒の不安定さは「精神状態の揺らぎ」につながりやすい。

　情緒のこうした不安定さは気分障害（うつ病・躁うつ病）の中心症状（精神病性の症状）とは見なされていないが，気分障害（うつ病・躁うつ病）が強く影響していることは間違いない。

表2-4　精神障害（主に統合失調症）を持っていることでの揺らぎやすさ
（つづき）

●発達障害（自閉症スペクトラム）を持っている人の場合

　「発達障害」は，診断基準DSM-Ⅳで「コミュニケーションの障害，社会性の障害，こだわり」を主な特徴とする疾患群と定義されていた。その後に改訂された診断基準DSM-5では，「発達障害」という用語はなくなり，ほぼ「自閉症スペクトラム」に置き換わった。

　自閉症スペクトラムは「社会的コミュニケーションの障害，こだわり（知覚過敏・鈍麻を含む）」を主な特徴とする疾患群と定義されている。

　発達障害（自閉症スペクトラム）は，近年，過剰診断されている。"KYである"，"こだわりやすい"ということがあると，精神医療の現場でも，すぐに発達障害（自閉症スペクトラム）とされてしまう。

　発達障害（自閉症スペクトラム）とされた人は，「こだわりやすい，執拗」「追い詰められやすい，短絡的行動に走りやすい」傾向があるので「精神状態の揺らぎによる自殺企図」が起きやすい。

　確かにそうなのだが，もっと注目すべきことは，発達障害（自閉症スペクトラム）の人が「どのような」コミュニケーション障害やこだわりのパターンを持っているのかを知ることである。

　これは私の経験だが，（たぶん多くの臨床家が経験されていることだと思う），発達障害（自閉症スペクトラム）で「精神状態の揺らぎからの自殺企図」事例は同じようなエピソードが多い。どのようなエピソードかというと二つのパターンがある。一つは出来事（叱責された，いじめられた，など）の直後に激しく興奮して短絡的行動に走ってしまうパターン，もう一つは出来事の直後は曖昧で次第に興奮が強まり数時間〜数日して行動に走ってしまうパターンである。前者はこだわりの強さと併せてコミュニケーション障害が関係しているだろう（こだわりの強さから激しく興奮し，言葉で表現できず行動に及ぶ）。後者はこだわりやすさが関係しているだろう（こだわりやすさから，怒りを何度も反芻し，攻撃行動を何度もリハーサルしたあと行動に及ぶ）。

　重大な出来事があったとき，過去の（小さな）エピソードをチェック

すると，今回どう対処すれば良いか，多少見当をつけることができる。

● パーソナリティ障害などで大きく揺らいでいる人の場合
　まずは，今起きている揺らぎを鎮めることに注力するが，それと併せて，出来上がっているパターンをほぐす（行動変容する）ための長期的な取り組み（心理療法や訓練，日常的な支援）が必要になる。

III　「精神状態の揺らぎ」と「悪循環・発展」とが
ないまぜになること

　「揺らぎやすさ」から自殺企図を繰り返していると，周囲から特別な目で見られ，孤立し，学校や職場に行けなくなる，といった展開が起きるかもしれない。「悪循環・発展」のプロセスが加わるのだ。

　実は，「悪循環・発展」からの自殺企図も，幸いに未遂で済んだあと周囲から特別な目で見られ，周囲から孤立してしまうと，本人は周囲に対して過敏になり，「揺らぎやすくなってしまう」。

　出発点が「精神状態の揺らぎ」による自殺企図も，「悪循環・発展」による自殺企図も，繰り返していると，「精神状態の揺らぎ」と「悪循環・発展」とがないまぜになって頻回に自殺企図を繰り返すようになる。そうなると，一見，生活上のささいなことから，あるいは，ほとんどきっかけもなく，自殺企図を繰り返しているように見えてしまう。このようになるときその状態を「自殺症候群」と表現

しても良いのではないか。

　以下に，「自殺症候群」と表現しても良いと考えた事例を示す（表 2-5）。

　「自殺症候群」になってしまった人が，そこから抜け出すのは容易ではない。本人自身の力で抜け出すことはとても難しく，周囲の支援が必要だ。「自殺症候群」をしっかり支える特別なプログラムとそれを行う支援機関が望まれる。

表2-5 「自殺症候群」と表現できうる事例

事例U	女性35歳	幼少期より母親と折り合いが悪く，家の中で孤立。16歳で最初のリストカット。以来，リストカット，過量服薬を繰り返す。高校卒業後，上京。一人暮らし。友人はいない。仕事はきちんとこなすが，夜になると，たびたびリストカット，過量服薬を繰り返していた。 あるとき自室で亡くなっていた。過量服薬によるものであった。	16歳より精神科受診。クリニックを転々としていた。境界性パーソナリティ障害と診断されていた。
事例V	女性30歳	2年間交際していた男性から別れ話をされ別れる。その直後に母親に電話で連絡して縊首企図する。精神科病院入院。入院中も縊首企図を繰り返す。退院後も母親に連絡して縊首企図。 2年経過したある日縊首企図し，既遂となる。その直前に母親に連絡をとろうとしたが連絡がつかなかったことがあとでわかる。 幼少期より母親と折り合いが悪く，中学の頃から母親への暴力が繰り返されていたことがあとでわかる。	27歳より精神科受診。境界性パーソナリティ障害と診断されていた。
事例W	女性25歳	15歳のとき，「母さんが妹のことばかり大事にして自分のこと無視している。死にたい」と言い，マンションのベランダから飛び降りようとした。その後，何か不満なことがあると決まって「死にたい」と言い，それに家族が応えないと自殺企図めいた行動をする。自殺企図の頻度と程度がエスカレートしているようにみえる。	発達障害と軽度知的障害で精神科通院中。

「自殺症候群」もどきだが,「自殺症候群」とは異なるもの

　自殺企図を頻回に繰り返しているが，前述の「自殺症候群」とは，異なるタイプのものがある。以下のような事例である。

事例X	男性45歳	「働けない，家賃を払えない，死ぬしかない」と電話相談室に相談してきた。相談員が福祉事務所に支援を依頼したところ，既に生活保護受給中であることがわかる。支給された保護費を2週間で使いきってしまう。そのたびにあちこち相談窓口に相談していること，相談員の言葉尻を捉えて「人のつらさがわかっていない，お前のことを遺書に書いて死ぬ」と言って責め立て，実際に，そのあとリストカットして救急車を呼ぶことがたびたびあったことがわかった。	精神科受診歴なし
事例Y	女性21歳	大学2年生。過量服薬してクラスメートに深夜に電話することが8回くらいあった。そのたびにクラスメートの誰かが，本人のアパートに行き，本人を救急病院に連れて行った。 その日も「ボーイフレンドと別れた。死にたい。薬いっぱい飲んだ」と深夜にクラスメートに電話。今回は，クラスメートは「自分で119番して救急受診をするように」と強く勧め，本人のアパートまでは行かなかった。翌日になって凍死しているのを発見された。	パーソナリティ障害の診断で精神科通院中

　事例Xは福祉事務所など援助機関に無理難題を言っている，事例Yは"死ぬ，ODする"を切り札にして相手を操作しようとする。どちらも，要求が受け入れられないと，相手を脅かすような勢いで「自殺企図」をほのめかす。ほのめかしでは終わらず自殺企図を実行し

てしまうことがたびたびある。そのとき，危険でないように工夫し
ているようにも見える。しかし，事例Yは既遂となっている。

　「死ぬ，死んでやる」と訴えて，周りの人を操作しているように見
える。要求が受け入れられないと地団駄を踏むような反応をしてし
まうように見える「自殺症候群」とはかなり異なっている。

IV　「精神状態の揺らぎ」のプロセスでの Pre-BPSAS

　ある出来事をきっかけに「精神状態の揺らぎ」からBPSASに陥る
ときは，出来事の直前までは“普段の状態”で，出来事からBPSAS
に陥るまでの時間間隔は短い。即ちPre-BPSASの期間は短く，その
間に起きることを把握するには難しい。把握できたとしても自殺防
止には役立たないだろう。

　「精神状態の揺らぎ」からBPSASに陥ったケースでは，Pre-BPSAS
のチェックよりも，以前に似たようなエピソードがなかったかチェッ
クすることが重要だ。もし同じようなエピソードがあったら，その
ときはどうであったのかを詳しく知ると，今回のエピソードを理解
するのに助けになる。さらに今後に同じようなエピソードが繰り返
される危険性も予測できる。

V　「精神状態の揺らぎ」からの 自殺を防止するには

　今，BPSASに陥っているのは「出来事」がきっかけらしいと見当
をつけられたときは，きっかけとなった出来事を契機に起きた気持

ち（怒り，不満，不安）を吐き出してもらい，吐き出してもらったことを受け止め共感することで，ほとんどの場合，精神状態の揺らぎは鎮まり，BPSASから抜け出してもらえる。

　ただし，精神状態の揺らぎが鎮まるまでには時間がかなりかかることが多い。20～30分では鎮まらないだろう。

　本人の気持ちを吐き出してもらっていて，気持ちが鎮まるどころか，ますます興奮が大きくなることがある。そのときは，本人の訴えを聞きながら，別の対策を並行して打っていかなくてはならない。まず，このままでは危険なので，本人を確実に保護することが必要だ。応援が必要かもしれない。応援してくれる人が見つからないときは警察官に頼る必要があるかもしれない。応援してもらって，何人かが関わると鎮まるかもしれない。

　一旦鎮まったように見えて，またぶり返すことがよくある。本人の中で出来事を思い出す・反すうするからだ。ぶり返しはとても多いので，しばらくの間は，しっかり見守ることが大切だ。しばらくは一人にしないようにした方が良い。

　そうやって本人に接していて，「とても不安定，あるいは，興奮の程度が激しい」とわかった場合は，精神科受診につなげることを考えた方が良いかもしれない。

　気持ちを受け止めるのは忍耐がいる。最初のうちは，こちらからの声かけに怒声が返ってくることもある。「貴方なんかにわからない」と拒絶されることもある。誰しも，精神状態が大きく揺らいだときは，関わってきた人に対して，そんな反応をしがちだ。あらかじめそんなものだと思って辛抱強く，真面目に関わり続けることが大切だ。

本人から激しい言葉を浴びせられて，思わず言い返してしまう，叱ってしまう，説教してしまうことがよくある。たぶん，その途端に本人の興奮は一挙にエスカレートするだろう。精神状態が揺らいでいる人に「叱り，説教，正論」は禁忌だ。

　「精神状態の揺らぎ」によるBPSASは腰を据えて本人の気持ちを受け止めることで（そこそこ）ほぐせるだろう。しかし，さらに少なくとも二つのことを考えなくてはならない。一つは「今回の事態」の関係者がどのように収まりをつけるか，もう一つは本人の「揺らぎやすさ」にどんな対策を打つかだ。

　職場内の葛藤，家族内の葛藤，別れ話，など「今回の事態」はさまざまだ。今回の事態の関係者も，職場の上司，厳格な父親，交際相手，などさまざまだ。関係者に共通していることは，今回の事態が“自殺があったかもしれない”事態だったので，誰しも相当に緊張していることである。そして，周りから非難され立場を失ってしまうと恐れているかもしれない。上手く収まりをつけられたら良いのだが，そうならないかもしれない。誰かが激しく反応して（本人を責める，本人を退職させようとする，など）事態が「再燃する〜エスカレートする」こともありうる。とても複雑な状況だ。一般的な答えはなく，ここで，これ以上述べることは難しい。

　もう一つのこと，本人の「揺らぎやすさ」への対策については多少述べることができる。まず，本人に，「揺らぎやすさ」の背景にある「顕著な個性や傾向」に気づいてもらうことだ。簡単には気づいてもらえない。何度も何度も指摘しているうちに，徐々に気づきが深まるだろう。気づきが深まってくるのに併せて，それをどう活か

せば良いか考えてもらう。試行錯誤を繰り返し，上手い方法を編み出し身につけてもらう。時間は掛かるかもしれないが，努力しただけ成果は出るだろう。

VI 「精神状態の揺らぎからの自殺企図」が 関係者に及ぼす影響のこと

「精神状態の揺らぎからの自殺企図」は，しばしば，関係者に深刻な影響を及ぼす。例えば，上司や親の叱責をきっかけに自殺企図が起きたように見えたときや，別れ話，子どものいじめ，などがきっかけで自殺企図が起きたように見えた（本人がメモを残していたりする）とき，上司，親，交際相手，クラスメートが周囲から陰口をたたかれたり，公然と非難されたりするなど苦しい立場に追いやられることがよくある。そのあと，それらの関係者が自殺に追い込まれることもある。

　ある出来事をきっかけにした「精神状態の揺らぎ」からの自殺企図が起きたときは，関係者に対する対策が必要かもしれない。こうしたことも，自殺が起きたあとの事後対策（suicide postvention）である。

第3節

「精神病性の症状」による
プロセス

　「精神病性の症状」によってBPSASに陥ることがある。例えば，次のような事例である。

1. 前掲の事例E：「"声"に命じられてハサミで腹部を刺す」
   ⇒ "声"は統合失調症による幻聴・作為体験であった。
2. 前掲の事例D：「自分のせいで会社が倒産する」と言い投身自殺未遂。
   ⇒ "会社が倒産する"はうつ病による妄想であった。

I 「精神病性の症状」による
BPSASの特徴

　「精神病性の症状」でBPSASになりかねないのは，統合失調症では幻覚妄想，特に作為体験だ。うつ病・双極性障害では，抑うつ感の強度が強い場合，不安や焦燥感が顕著な場合である。精神作用物質による精神及び行動障害でも「精神病性の症状」は見られる。BPSASになりかねない幻覚妄想状態である。

「精神病性の症状」によるBPSASは，「奇妙，摑みにくい，了解しがたい，抑うつ感の強度が著しく強い，不安焦燥の程度が著しい」のが特徴である。逆に，BPSASにそうした特徴が見られた場合，「精神病性の症状」によるものではないか疑う必要がある。

II 「精神病性の症状」による Pre-BPSAS

「精神病性の症状」でBPSASに陥ったケースについて，それまでの経緯を点検してみると，今回のBPSASと相似形の危険な行為を何回かしていたことがわかることが多い。もし，考えてみると危険なそして理解しにくい行為があったときには，「精神病性の症状」のPre-BPSASかもしれない。注意して見守り，"了解しがたい"印象がさらに深まるようだったら，専門医に相談する～つなぐことも考えた方が良いかもしれない。

III 「精神病性の症状」による 自殺を防止するには

「精神病性の症状」があり，そのためにBPSASに陥っているとわかったら，とにもかくにも精神科治療につなぐことが必要だ。

本人に「声かけ」して，話を聞くうちにBPSASがほぐれたように見えても，それはたいてい一瞬ですぐにBPSASに戻ってしまう。こんなときの「声かけ」は，精神科治療につなぐまでの間の，「時間稼ぎの手段」だと考えていた方が良い。

補足2　精神病性の疾患の重症度と「BPSASに至るプロセス」の関係

　精神病性の疾患（統合失調症，うつ病・双極性障害，精神作用物質による精神と行動の障害，など）を持っている人は，精神病性の症状が顕著なときは「精神病性の症状」からBPSASに陥る。症状が少し改善して精神病性の症状が弱まり，非精神病性の症状（ストレスへの脆さ，混乱しやすさ，など）が主体になると，「悪循環・発展」や「精神状態の揺らぎ」からBPSASに陥るようになる。

　以下は，「精神病性疾患の重症度」と「BPSASのタイプ」との関係を示した概念図である。

　この概念図が正しいことを示すデータがある。

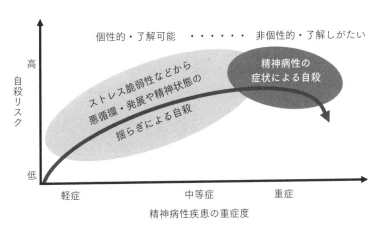

図2-7　「精神病性疾患の重症度」と「BPSASのタイプ」との関係

統合失調症及びその他の精神病の自殺率

1875年～1924年と1994年～1998年のコホートの比較

『1875年～1924年では統合失調症患者の自殺率は10万入院・年（hospital years）当たり20件で，生涯自殺率は0.5％，すべての精神病患者の自殺率は10万入院・年当たり16件であった。それと比べると1994年～1998年の統合失調症やその他の精神病の自殺率と生涯自殺率は20倍高い』

Lifetime suicide rates in treated schizophrenia: 1875-1924 and 1994-1998 cohorts compared. D. HEALY, M. HARRIS, R. TRANTER, P. GUTTING, R. AUSTIN,G. JONES-EDWARDS and A. P. ROBERTS. BRITISH JOURNAL OF P SYCHIATRY（2006），188, 223-228.

　1875年～1924年頃は，治療薬のクロールプロマジンはまだ導入されておらず，統合失調症を含む精神病患者の多くは病院に収容されていた。当時の精神病患者の自殺は「精神病性の症状」によるものが多かったと推測される。それに対して，1994年から1998年頃は，クロールプロマジン，ハロペリドール，リスペリドンなどの治療薬が普及し，「精神病性の症状」を改善できるようになった。その結果，「精神病性の症状」による自殺は減ったと推測される。しかし，「悪循環・発展」や「精神状態の揺らぎ」による自殺が著しく増えた。これは，症状が改善された多くの精神病患者が，病院から出て，地域で生活するようになったこととも関連がある。統合失調症などの精神病を持っている人は，機転が利かない，対人関係が苦手，ストレスに脆いなどのため地域での生活に苦労が多い。苦労が多いので地域で生活する精神病患者を支えるために，通所施設などコミュニティケアの整備が進められてきたが，まだ追いついていない。

さまざまな精神疾患（精神病性の疾患，非精神病性の疾患）に特徴的なBPSAS

　精神疾患（精神病性の疾患～非精神病性の疾患）ごとに，その疾患に特徴的なBPSASがある。疾患ごとにその疾患に現れやすいBPSASの特徴を見てみよう。

1. 統合失調症の場合

　統合失調症は，前駆期，急性期，休息期，回復期（固定期）の4段階の経過をたどることがわかっている。「統合失調症の症状によるBPSAS」は，病期によって，その内容や形が違う。

● 前駆期

　不安，うつ，緊張，緊迫感，混乱しやすさなどの症状が見られる。多彩であること，形が定まらないこと，変動しやすいことが特徴である。そんな中で，唐突に自殺企図が起きる。とても唐突で，理解しがたい自殺企図である。この時期の症状は，神経症性障害や気分障害と見間違えられ，統合失調症の前兆期とは気づかれないことがある。症状が「多彩，形が定まらない，変動しやすい」場合は，統合失調症の前駆期を疑って注意深く見守る必要がある。

● 急性期

　精神運動興奮，幻聴作為体験，緊張病性興奮・昏迷など，顕著な精神病性の症状が出現し，その病状から自殺企図も見られる。自殺企図は唐突に行われ，その手段は，縊首，飛び降り，割腹，さらに，耳にナイフを刺す，手首を抉るように切る，ハサミを膣に刺すなど，とても危険で，かつ奇妙さがある。

●休息期

　強いうつ症状が出現することがある。その強いうつ症状から自殺企図に踏み出すことがある。

●休息期～回復期（固定期）

　自殺企図は少ない。ただし，この時期に症状が再燃すると，症状は急性期と相似形で，症状によるBPSASも相似し，自殺企図も相似している。

　どの病期でも，統合失調症の症状によるBPSAS・自殺企図は，一旦起きると，症状が改善しない限り，容易に再現するので厳重な注意が必要である。

2．うつ病・双極性障害の場合

　「うつ病・双極性障害による抑うつ気分」から自殺企図に踏み出すことは多い。「うつ病・双極性障害による抑うつ気分」は「正常心理の抑うつ気分」とは異なる。うつ病・双極性障害による抑うつ気分は，①強度が強い，②視野狭窄・苦悶感・不安焦燥感が伴う，③罪業妄想や貧困妄想の色合いを帯びやすい，④逃避願望が強い，⑤周囲の声かけで視野狭窄をほぐしにくい。こうした特徴が顕著なものほどBPSASとなりかねない。しかし，抑うつ気分がとても強いと，思考行動の抑制症状のために，自殺企図"行為"をすることが難しくなる。強い抑うつ症状が，やや弱まりかけたときが最も自殺企図に踏み出す危険が高いことがわかっている。

　うつ病・双極性障害による抑うつ気分は「時間帯」や「場面」で強度が大きく変動する。「時間帯」では，早朝覚醒時に強まることが多い。夕刻に強まる例もある。「場面」では，人前では何でもないよ

うに装うが，孤立した途端に一挙に強まる。また，悪いニュースに接した途端に一挙に強まる。したがって，現在はBPSASに陥っていなくても，この後，時間帯や場面次第で陥る可能性はないか予測することが重要である。

　うつ病・双極性障害では，精神病性のうつ症状がBPSASとなって自殺企図が起きるが，それ以外に，統合失調症の場合と同じように，うつ病・双極性障害のために，生活に支障（欠勤など）が出て，そのために，抑うつ感が強まり，悪循環・発展が進行してBPSASに陥ることもある。また，うつ病・双極性障害を持っていると，悪いニュースに強く動揺してしまうなど，精神状態が揺らぎやすい。そのために，何かの出来事をきっかけにBPSASに陥ることもある。

3. その他の精神疾患では「症状や特徴」がそのままBPSASになることはない

第II部

ゲートキーパー
について

第3章

ゲートキーパーになる

　これまで，自殺企図直前の特徴；BPSASに着目して，
自殺はどういう行為なのか，「自殺の全体像」について
見てきた。これらを下敷きにして，次に，「自殺はどの
ように防止すれば良いか」考えてみたい。

第1節
ゲートキーパーとは

　"ひょっとして自殺のリスクがあるのでは？"と気づいた人が行動しないと，その人の自殺は防止できない。側を歩いている人が，よろめいたとき，咄嗟にその人を支えるのにほんの少し似ているが，それよりも格段に難しい。

　「自殺のリスクに気づいて自殺防止のために行動する人」を，厚生労働省では"ゲートキーパー"と呼称するように提案している。

　私が，貴方が，誰もが，明日，たまたま「気づいて行動する人」になるかもしれない。即ち，国民の誰もが，明日にもゲートキーパーになるかもしれない。

　私が，貴方が，たまたま"この人は？"と気づいて，自殺防止のために行動しようとしたとき，即ち，ゲートキーパーになって行動しようとしたとき，具体的に何をすれば良いのだろう。厚生労働省のホームページにはゲートキーパーについて以下のように記載されている。

> ### ゲートキーパーとは（厚生労働省のホームページより）
>
> 　「ゲートキーパー」とは，自殺の危険を示すサインに気づき，適切な対応（悩んでいる人に気づき，声をかけ，話を聞いて，必要な支援につなげ，見守る）を図ることができる人のことで，言わば「命の門番」とも位置付けられる人のことです。

　ゲートキーパーとなる人に期待されていることは5つの対応である。

1. 気づく
2. 声をかける
3. 話を聞く
4. 支援する・支援につなげる
5. 見守る

　あっさり書かれているので，これら5つの対応は簡単なことのようにみえる。しかし，すべてが意外に難しい。

● **気づく**
　気づかなくては何も始まらない。誰でも，そこそこ気づけるように，大きな見落としがないようにしなくてはならないが，それには相当工夫がいる。

● **声をかける**
　「声をかける」ことは簡単ではない。相手が身近な人だったとして，

身近だからこそ"下手な声かけ"はできない。相手が身近な人ではなかったら，それはそれで"下手な声かけ"はできない。相手が気分を害したらどうするか。「声をかける」のにどのような工夫があるか知っておきたい。

●話を聞く
「話を聞こう」としたが，無視されたとき，はぐらかすようなことしか話してくれないとき，どうすれば良いか。深刻な話を打ちあけられたら，うまく応えられるか，いろいろな場面を想定して，どんな工夫があるか知っておきたい。

●支援につなげる
「支援につなげる」必要があるとわかったとき，どこにつなげたら良いのか，つなぎ先の見当がついたとして，実際にそこにつなげるにはどうすれば良いか。相手が気乗りしないときどのように説得したら良いか考えておきたい。

●見守る
「見守っていなくてはならない」と判断したとき，自分一人で見守れるか。一人では難しいときはどうすれば良いか。「見守り」について考え方の基本を整理しておきたい。

　ゲートキーパーに期待されている「気づく，声をかける，話を聞く，支援につなげる，見守る」はどれも意外に難しい。こんなことを国民の誰もができるのだろうか？　結論から言えば，厚生労働省には，それなりの成算があるのである。
　例えば，もしかして？と「気づいた」とき，「声かけ」するのは勇気がいる。「大丈夫ですか？」と言おうとして足がすくむかもしれな

い。そんなとき，真正面から言わず，「お疲れ様」とか「暑いですね」など，さりげない声かけから始める方法がある。

　誰がゲートキーパーになっても，"多少の工夫"で，「気づく」～「声かけ」～「話を聞く」までは（途中多少ギクシャクすることはあっても）進められる。そこまで進められたら，自殺のリスクがある人の自殺リスクを（少し，しばらくの間）引き下げることまではできる可能性が高い。誰がゲートキーパーになっても，かなりのことができる。国民に「ゲートキーパーになろう」と呼び掛けることは，それなりに成算があることなのだ。

　しかし，対応が難しくて，ゲートキーパーが立ち往生してしまうことがある。そんなときのために，厚生労働省は二つのことを準備している。「ゲートキーパー研修」と「ゲートキーパーをバックアップする仕組み作り」である。
　それがどんなことか，以下に，簡単に述べておきたい。

二つの準備

①**ゲートキーパー研修**；ゲートキーパーになる人が，即ち，国民の誰もが，普段から勉強して対応力をレベルアップしておく。
②**ゲートキーパーを支援する仕組みについての知識**；ゲートキーパーが対応に困ったときや，本人自身が相談したいと思ったときに利用できる支援機関についての勉強，例えば，保健所や精神保健福祉センター，その他，地方自治体による「電話相談窓口（自殺相談ダイヤルなど）」「未遂者支援事業」などについての勉強。

ゲートキーパー研修

　「ゲートキーパー研修」は，国や地方自治体が主催して，全国津々浦々で，学校や職場ごと，また，教師や理容師など職種ごとに行われている。研修会の数は毎年膨大である。

　研修で勉強することは主には三つである。「対応の工夫」「自殺リスクアセスメント」「ゲートキーパーとしての動き方，支援機関の利用の仕方」である。それぞれについて説明する。

1　「対応の工夫」の勉強

　例えば，「声かけ」が難しいときは"さりげない声かけ"から始めるのが良いといった工夫である。同じような「対応の工夫」が「気づく，声をかける，話を聞く，支援につなげる，見守る」それぞれについてある。「対応の工夫」をいろいろ勉強していると，咄嗟のときでも落ち着いて行動できるゲートキーパーになれる。

> **「対応の工夫」をしなくてはならない「難しい場面」の例**
>
> ●声かけしたら，ひどく素っ気ない態度をされた，ひねくれた答えが返ってきた，警戒された，怒りだした，こちらのひと言がきっかけで相手がひどく傷ついたように見えた。

- “もう死にます”と言い張られた，“死ぬ方法を教えて欲しい”と迫られた。
- しっかり見守らなくてはならないと判断して見守っていたら，相手からひどく嫌がられた。
- 専門的な支援機関につなげた方が良いと判断して，懸命に説得したが頑なに拒否された。

2　自殺リスクアセスメントの勉強

　「ひょっとしてこの人は自殺リスクがあるのでは」と気づいても，本当に自殺リスクがあるのか，自殺リスクがあるとしてどの程度か，どのようなことで自殺リスクが生じたのか摑まなくてはならない。「自殺リスクアセスメント」である。

　自殺リスクアセスメントには，その人に「声をかけ，話を聞く」ことが必要だ。これが意外に難しい。まず「声をかけ，話を聞く」こと自体が難しい（このことについては，「対応の工夫」で述べる）。さらに声をかけ，話を聞けたとしても“大事なこと”を聞き出せていない場合もある。また，大事なことを聞き出せていても，そこから“自殺リスクの中身や程度の見立て方”を知っていないと自殺リスクのアセスメントに失敗する。

　「自殺リスクアセスメントの仕方」を勉強することがとても必要だ。面倒なことに聞こえるかもしれないが，「自殺リスクアセスメントシート」を用いると易しくなる。シートを手元に置いていなくても内容を頭に入れておくだけでだいぶ違う。

3 「ゲートキーパーとしての働き方，支援機関の利用の仕方」についての勉強

　自殺リスクの程度が高くて，ゲートキーパーだけでは対応できそうにないときは，「ゲートキーパーとしての働き方，支援機関の利用の仕方」が必要になる。自殺リスクがどのようなときに応援を頼んだ方が良いか，応援を頼むときの頼み方や，応援してもらうのにどのような支援機関が利用できるか，そこではどのような支援をしてもらえるか，そこに支援を依頼する場合はどのようにコンタクトをとれば良いか，などの勉強である。

　ゲートキーパーとして勉強しておくべき三つのこと，「対応の工夫」「自殺リスクアセスメントの勉強」「ゲートキーパーとしての働き方，支援機関の利用の仕方」について，これから述べていく。

第2節
対応の工夫

I　気づく

　"ひょっとしてこの人は自殺リスクがあるのでは？"と気づかなくては何も始まらない。誰もが"そこそこ"気づけるようにしなくてはならない。どうすれば良いか。

（再掲）気づくことは難しい

　<u>身近な家族でも「自殺のサイン」に気づけないことが少なくない</u>
　「自殺のサインがあったと思うか」との問いに「あったと思う」と答えた遺族は58％いたが，「それが発せられた時点でもそれを自殺のサインだと思ったか」との問いには，遺族の10％しか「思った」とは答えなかった。
　（NPO法人ライフリンク；『1000人の声なき声に耳を傾ける調査』より）

　<u>精神科医でも自殺のサインに気づけないことがある</u>
　2017年1年間に168精神科診療所のうち52診療所で87例の既遂例があった。
　（東京精神神経科診療所協会；『2017年の既遂例報告』より）

表3-1 「自殺企図直前の状態」と「このままでは自殺企図直前の状態に
　　　 陥るかもしれない」ときに見られる徴候やエピソード

何に気づけば良いのか			
自殺企図直前の状態 （BPSAS）	追い詰められ感・視野狭窄 うろたえ・焦燥感　衝動性の高まり 強い抑うつ感・苦悶感の訴え "死にたい，消えたい" と言い続ける すぐに自殺企図しようとする 曖昧，呆然，心ここにあらず 奇妙さや不自然さ		
BPSASに至る プロセスのタイプ	悪循環・発展	精神状態の揺らぎ	精神病性の症状
このままでは自殺企図直前の状態に陥るかもしれない （Pre-BPSAS又は危ないエピソード）	生活状況と精神状態の悪循環・発展が進行している 本人の訴えが少ない⇒増えて激しい⇒減ってくる（Pre-BPSAS）	深刻な事態に直面している（人間関係の揉め事，職場状況，など） ＋ 過去に "同様の事態" で（危ないエピソード）	精神病の症状がある（統合失調症，躁うつ病，など） ＋ 過去に "同様な症状" で（危ないエピソード）

　前述したように，気づかなくてはならないことには二つのレベル
がある。一つは「自殺企図直前の状態（BPSAS）」であることに気
づくこと，もう一つは「このままでは自殺企図直前の状態に陥りか
ねない」と気づくこと。二つのレベルのうちで，より重要なのは「自
殺企図直前の状態」の気づきである。

　"自殺企図直前の状態では？" と多くの人は「勘」で気づいてい
る。しかし，「勘」の鋭さは人によって違う。誰もがそこそこ気づけ

るようにしなくてはならない。そのためには「勘」を科学する必要がある。本書では，たくさんの自殺企図事例から自殺企図直前の状態を示す徴候（BPSAS）だったと思われるものを収集し，それらを分類整理したBPSASのリストをお示しした。BPSASのリストを知っていると，誰でも，そこそこ気づけるようになる。

　ところで，BPSASのリストを頭では知っていても，気づきがとても悪くなる瞬間がある。特に三つの場面だ。

気づきが悪くなる三つの場面

1　気づこうとしていなかったので気づけない
2　忙しさが目を曇らせる
3　互いの「関係」や，それぞれの「立場」が気づきを妨げる

1　"気づこうとしていなかった"

　例えば，首都圏では毎日のように駅のプラットフォームから飛び込みが起きている。あとで，ホームの監視カメラの映像をチェックしてみると，多くは，その人がホームに佇んでいて，何本も電車を見送って，そのあとに決行している。その間，大勢の人がその人のすぐ側を通っていて，誰も気にとめていない。大勢の人は電車の乗り換えや仕事のことを考えていて，ホームに佇んでいる人のことは"目には入っても見えてはいなかった"。「人は見ようとするものを見る，見ようとしていないものは見えない」「気づこうとして気づけ

る，気づこうとしていないと気づけない」。

　しかし，これが地方都市だったらどうだろう。駅のホームに佇んでいる人がいたら，きっと気づいて声をかける人がいるだろう。大都市で群衆の中にいると他の人への（自然な）気遣いが弱まるのだ。

2　忙しさが目を曇らせる

　例えば，IT企業では顧客企業から依頼された（勤怠管理などの）システムを必ず納期までに仕上げなくてはならない。納期が近づくとプロジェクトチームは殺気立ってくる。チームリーダーはメンバーに長時間の残業も強要しなくてはならない。そのときチームメンバーの誰かがひどく追い詰められてしまっていても，そのことに他の者はなかなか気づかない。

3　互いの「関係」や，それぞれの「立場」が気づきを妨げる

　例えば，『いじめがきっかけ』で小学生や中学生が自殺したとき，校長，担任教師が，報道陣から質問されて，「いじめの事実はなかった」「自殺した生徒に学校で特別なことはなかった」と答える。そのあと，生徒からアンケートをとったら，たくさんの出来事が浮かび上がってきて，学校が謝罪する。このようなことが起きるのは，教師と生徒の「関係」や，それぞれの「立場」が影響している。

　教育現場がいじめや自殺のことに敏感になっている。自殺やいじめに関連して何かあれば，報告をあげ，対策を立てたりしなくては

ならない。そうなるとオオゴトである。オオゴトになるのを，（意図せずに），避けたい気持ちから，気づくことにブレーキがかかることがあるのではないか。生徒も，下手に教師に見とがめられて，両親が呼び出されるなど，オオゴトになるのを恐れて，教師の前で自分のことを隠してしまうことがあるのではないか。結果として教師の気づきが悪くなる。

　職場でも同じだ。上司や同僚がオオゴトになるのを（意図せずに）避けたい気持ちから，気づくのにブレーキがかかることがある。何かで追い詰められた社員も，オオゴトになるのを恐れて，上司や同僚の前で自分のことを隠してしまうことがある。夫婦や親子の間でも同じだ。

　「三つの場面」は，気づきがとても悪くなり，かつ，"自殺リスクが高まっている可能性が高い場面"だ。それゆえ，「三つの場面は要注意だ」と頭にたたき込んでおきたい。

　しかし，頭にたたき込んでおいても，いざ，その場面になると，忘れてしまう。いざとなると忘れてしまうのを止める方法はないものか。

　残念ながら決め手になるような方法はない。一つ多少効果があるとしたら，「心にゆとりを持つこと」だろう。というのも，三つの場面（大都市で群衆の中にいる，忙しさに忙殺されている，関係や立場にとらわれている）に共通していることは，心理的に視野狭窄していることだ。視野狭窄が私たちを浅はかにしてしまう。狭窄した視野を，もし，何mmかでも拡げられたら，気づきはその数倍も良くなるに違いない。だが，「心にゆとりを持つこと」は，それはそれで簡単なことではない。

II 声かけ〜さりげない声かけの勧め〜

"もしかして？"と気づいて,「声かけ」してみようとした瞬間,ためらってしまうことが多いのではないか。「声かけ」することには怖さがあり,勇気がいる。

具体的に次の三つの場合について考えてみよう。

1 相手が身近な人だったときの声かけ
2 相手が見知らぬ人だったときの声かけ
3 相手の様子から声をかけるのが怖いとき

1 身近な人への声かけ

事例1

子どもの様子－1

子どもの様子がいつもと違うので声かけしたら,泣き出した。泣き止むのを待って問い質したら,学校でいじめっ子グループからいじめられている。今日も筆箱を隠されたという。心配をかけたくなくて言わなかったという。同情すれば子どもは救われた気持ちになるだろうが,不甲斐ないと叱りたくもなる。

事例2

子どもの様子－2

子どもの様子がいつもと違う。ゲームばかりやっているのを止め

させたくてスマホを取り上げたのが原因だとわかっている。ここで下手に声かけしたら甘い対応になってしまうかも。

事例3

妻の様子

　妻の様子がいつもと違うと気づいた。昨夜からの夫婦喧嘩が原因だろう。ここで下手に声をかけると夫婦喧嘩が再燃しかねない。

事例4

部下の様子

　部下の様子が気になる。原因は自分が叱責したことだろう。ここで下手な声かけはできない。

事例5

同僚の様子

　上司から目の敵にされている同僚の様子がいつもと違う。その同僚に声をかけたら，その同僚から頼られてしまい，上司から自分も目の敵にされかねない。

事例6

いじめっ子グループからいじめられているクラスメートの様子

　クラスのいじめっ子グループにいじめられているクラスメートの様子がいつもと違う。心配だ。しかし，その子に声をかけたら，いじめっ子グループから自分もいじめの対象にされかねない。

　●事例1は，身近な者が「外部の第三者と葛藤している」とき

である。そのときは声かけしやすい。しかし，身近な者から
身近な者への声かけは影響が大きい。相手にとって救いにも
絶望にもなる。

- 事例2，3，4は，身近な者が「互いに葛藤している」ときで
ある。別の表現をすれば「二者関係にある者の間の葛藤」で
ある。この場合，一方が他方に下手に声かけすると，葛藤が
さらにエスカレートしかねない。

- 事例5，6は，身近な者どうしが対立しているとき，それを見
ている者（第三者的立場にある者）が，"対立している片方の
者"に声かけすると，そのあと対立に巻き込まれかねない。

　身近な者について，"ひょっとして"と気づいたとして，互いの間
で葛藤があると，ためらってしまうかもしれない。声かけしたら，
いつものように反発されるかもしれないが，声かけをきっかけに，
それまでの関係が一変，良くなることもある。明らかにBPSASが疑
われ，それも切迫感があるときは，ためらってはいられない。

2　見知らぬ人への声かけ

事例7

ビルの片隅で泣いている30歳くらいの女性－1

　路上，ビルの片隅で，さっきから泣いている，30歳くらいの女性
がいた。身なりは整っている。会社員らしい。彼女に気づいた女性
（50歳）が「どうしたの」と声をかけたが何も答えない。心配なの
で，彼女の側にいた。時折，「大丈夫」と声をかけた。10分くらい

して，「スミマセン」と言った。声をかけた女性が「寒いから移動しよう」と提案，近くの喫茶店に入った。喫茶店に入ってから，ぽつりぽつりと事情を話してくれた。

事例8
ビルの片隅で泣いている30歳くらいの女性−2
　同上の事例。彼女に気づいた男性（40歳，工事現場の作業員をしている）が「大丈夫ですか」と声をかけたが何も答えず，表情を硬くする。心配なので側に立っていたら，「近寄らないで」と言ってきた。どうしようかと迷っていたら，「キャーッ」と声を挙げられた。周りの人から変に思われそうで，その場から離れた。

事例9
50歳くらいの男性，橋の欄干にいるホームレスめいた人−1
　50歳くらいの男性。着衣が薄汚れていて，ホームレスの人かも。さっきから橋の欄干に寄りかかり水面を眺めている，思い詰めている様子。通行人の誰もがその男性に気づくが，一瞥しただけで，通り過ぎてゆく。通りかかった男子高校生が「オジさん大丈夫？」と声をかけた。男性は，高校生に顔を向けて「ありがとう」と言い，目に涙を滲ませた。

事例10
50歳くらいの男性，橋の欄干にいる，ホームレスめいた人−2
　同上の事例。たまたま警察官が通りかかり，「オジさん大丈夫？」と声をかけた。男性は戸惑った表情。「困りごとがあるの？　ちょっと話をしよう，交番に来て」と促された。男性は促されるままに警

察官に従って交番に向かった。

　見知らぬ人のただならない様子に気づいた事例を4つ取り上げた。

- 事例7では，声かけしたのは，相手のただならない様子から声をかけた方が良さそうだと判断しただけでなく，相手の服装，印象，態度から，声をかけても下手に巻き込まれたり厄介なことにならないだろうと思えたからだろう。
- 事例8も，ただならない様子から声かけしたが，相手が声かけした人をひどく怖がってしまった。
- 事例9は，ただならない様子であると気づいても，その人の着衣が薄汚れていて，ホームレスめいていたことから，声かけして，相手からどんな反応が返ってくるかわからない。絡まれたり，巻き込まれたりしないかと恐れ，誰も声をかけなかった。たまたま通りかかった高校生が，恐れず声をかけた。
- 事例10は，ただならない様子であるのを警察官が気づき，警察官は職務として（着衣が薄汚くホームレスめいた印象であっても）声をかけた。

　見知らぬ人（外部の第三者）がただならない様子であるのに気づいたとき，まず，相手の服装，印象，態度を見て，絡まれたり巻き込まれたりしないだろうと思えたとき，そしてこちらに"少し時間を割いても構わない"多少の余裕があるとき，声かけするかもしれない。そうやってこちらが声をかけたとして，相手が怖がるかもしれない。

　声をかける人のなかには，相手を利用できる〜相手の弱みを利用

できるかも，と打算していることもある。

　また，**特別な声かけ**がある。それは，こちらが社会的役割を持っている場合である。例えば警察官は，この人は"ひょっとして"と気づいたら職務として声かけしなくてはならない。

3　相手の様子から声をかけるのが怖いとき

　ひょっとしてBPSASに陥っているのではと気づいたが，その人が，ひどく興奮している，ひどく混乱している，険悪な雰囲気を発散している，ひねくれている，"私には関わらないで"オーラを出している，といったことが稀にある。そのときの声かけは相当勇気がいる。どんな反応が返ってくるかわからない，ひょっとしたらおおごとになるかもしれないからだ。

　緊急な対応を要するかもしれない。一人では対応できそうにないときどうするか。応援を頼めたら頼む。周りに誰もいないときはどうするか。何とか時間稼ぎをしてみたい。そのうちに応援してもらえる人が現れるかもしれない。タイミングをみて110番できるかもしれない。

　こんなとき少し役立つかもしれない方法が二つある。一つは，見知らぬ人への声かけで少し述べたことだが，『難しいと感じていること・怖いと思っていることを，漠然とではなく，噛み砕いて具体的に考える』こと，もう一つは『さりげない声かけ』だ。

"噛み砕いて具体的に考える"と怖さが薄れるかも

　"噛み砕いて具体的に考える"のは困難な局面を打開するときに使える汎用性のある手法だ。例えば，怖くて身が竦んでいるとき，"何が怖いのか"を噛み砕いて具体的に考えてみる。"こんなことにならないか"など焦点が絞られ具体的になる。具体的になると些細なこと（薄汚れている，顔が怖い，声がきつい，腕力がありそう，など）を気にして臆病になっているのだと気づくかもしれない。"この点はかなり怖い"と焦点を絞り込めたら，それに対する対策を考える。何か対策が思い浮かぶかもしれない。

「さりげない声かけ」は意外に役立つ

　さりげないというのは，"おはよう"とか，"暑いですね〜寒いですね"といったことから始めることである。いろいろな難しさ（相手の様子に引っかかる，相手からの反応が怖い，巻き込まれるのが怖い，自分は急いでいる，など）が想定されても，「さりげない声かけ」であれば，難しいことが起きる可能性は低い。そして，「さりげない声かけ」に対する相手の反応から，相手のことが少しわかる。相手のことが少しわかると難しさのいくつかは消えて，もう少し踏み込んだ声かけができる。そうやって一歩一歩進む。一歩一歩と言っても，時間がそんなにかかるわけではない。「さりげない声かけ」は「声かけ」の難しさを突破する，ひょっとしたら，最も強力な対策かもしれない。

```
┌─────────────────────────────────────────────┐
│      「さりげない声かけ」の三つの効果            │
│                                                 │
│ ①さりげない声かけに対する対象者の反応から，対象者のことが少し │
│   わかる                                         │
│ ②こちらの気持ちが伝わり（心配している，見下していない），信頼感 │
│   を持ってもらえる。そのあとに，踏み込んだ話をしやすくなる     │
│ ③自殺企図直前の状態（BPSAS）であったら，その状態を少しほぐせ  │
│   るかもしれない                                 │
└─────────────────────────────────────────────┘
```

　しかし，たとえ，相手の様子から声をかけるのが怖いときであっても，相手が「今にも飛び降りようとしている」など明らかに危険な行為におよぼうになっていたときは，ためらわず，「どうしたのですか，大丈夫ですか」と声かけして良い。

Ⅲ　話を聞く

　勇気を奮って「声かけ」したのは「話を聞く」ためだ。では，話を聞くことで私たちは何をしようとしているのだろう。答えを言えば次の三つだろう。

①自殺リスクアセスメント

　一つは，この人は自殺リスクがあるか，即ち，BPSASに陥っている〜陥りそうになっていないか，この人はどのような事情を抱えていて，どれほど大変なのかを見定めることだ。自殺リスクアセスメントである。

②話を聞くことで自殺リスクを弱める

　もう一つは，自殺リスクが疑われたら，即ち，BPSASに陥っている〜陥りかけていることが疑われたら，この人の自殺リスクを弱める，即ちBPSASをほぐすことだ。「話を聞くこと」だけでBPSASをほぐせることが少なくない。

③支援につなぐ

　しかし，「話を聞く」ことでBPSASをほぐせても，すぐに〜少し間を置いて，もとに戻ることが多い。話を聞くことでの「BPSASほぐし効果」は"一時凌ぎ〜時間稼ぎ"でしかないことが多いのだ。だが，"一時凌ぎ〜時間稼ぎ"できることは貴重だ。その間に，その人の自殺を確実に防止するにはどうしたら良いかを考えて，対策を手配する。具体的には，身近な人に応援を頼む，その人の家族や知人に連絡する，相談機関や精神科医療機関などの支援機関に連絡して相談し支援をお願いする。もし，緊急に保護が必要なときは警察に相談するしかないかもしれない。

　ゲートキーパー研修では「地域の支援機関」にどんなところがあるか，それを利用するにはどうすれば良いか勉強する。とても役立つ勉強だ。

　話を聞くことで行う「三つ」のうち，「自殺リスクアセスメント」については次節で詳しく述べる。また，「支援へのつなぎ方」については，そのあとの節で述べる。この節では，話を聞くことで，その人の自殺リスクを弱める（BPSASをほぐす）工夫について述べる。

1　「話を聞く」ことでBPSASをほぐすための5つの工夫

　「話を聞けば，必ずBPSASがほぐせる」ということではない。BPSASをほぐすには，「話の聞き方」にそれなりの工夫が必要だ。具体的には次の「5つの工夫」がBPSASをほぐすのに役立つ。

5つの工夫

①寄り添う
②話してもらうことで気持ちを整理してもらう
③こちらから誘導して気持ちの整理を促す
④具体的に考えるように促す
⑤少し話を拡げるように仕向ける

　「5つの工夫」について説明しよう。

①寄り添う

　こちらが，相手を気遣いながら話を聞く，相手の辛さを受け止める，相手と一緒に考えようとすることで，相手は，人の温かさを感じ，孤立感（孤絶感）が薄らぎ，少し心強くなる。それによって相手のBPSASが少しほぐれるかもしれない。これは「人に寄り添うことによる効果」である。

②話してもらうことで気持ちを整理してもらう

　その人に話すように促し，その人がこちらに伝わるように話そうとすると，その人の混乱していた気持ちが少し整理されることが多い。気持ちが少し整理されるだけで，BPSASが少しほぐれ，気持ちが楽になるかもしれない。

③こちらから誘導して気持ちの整理を促す

　こちらが，相手の混乱した話を，（相手が使った言葉をできるだけ使って），「こういうことなんですね？」と整理して返すと，相手の混乱した気持ちが少し整理されるかもしれない。少し整理されるだけで，BPSASが少しほぐれ，気持ちが楽になるかもしれない。

④具体的に考えるように促す

　不安や恐怖，絶望や敵意を少し具体的に説明してもらうように促す。不安や恐怖，絶望や敵意を，少し具体的に説明してもらうと，ほとんどの場合，抽象的に考えているときより，程度が軽くなり，BPSASがほぐれるかもしれない。

⑤少し話を拡げるように仕向ける

　「絶望だ」「死ぬしかない」など頑なになっているとき，頑なになっていることに関連しているその人の家庭のこと，仕事のこと，住まいのことなどを聞く，あるいは，いつからか，これまでどんなことがあったのか経緯を聞く。さらには，今は大変だけど，以前はどうだったのかと，その人の歴史（物語）を話してもらうように仕向ける。つまり横断的ないし縦断的に話を拡げるように仕向けると，思い詰めて狭窄していた視野を拡げられる。その人の視野が少し拡が

ると，それだけでBPSASは少しほぐれるだろう。同時に，少し話を拡げて聞き出してみると，その人のいろいろな面が見えてきて，相手を評価できる（驚く，感心する）ことがたくさん見つかる。それが相手に伝わり，その人は自信やプライドを少し取り戻すかもしれない。このこともBPSASをほぐすことにつながる。

　以上「話を聞く」ことが自殺防止にはとても重要だが，しかし「話を聞けば」必ず自殺防止に役立つということではない。「話を聞く」ことが役立つのは「5つの工夫」のいくつかを組み合わせて「話を聞いた」ときだ。「5つの工夫」は強調してもしきれないくらい大事だ。ところが，私たちは，ついつい「5つの工夫の真逆」をしてしまう。それがどのようなことか次に述べてみよう。

2　私たちは「5つの工夫の真逆のこと」をしてしまいがち

　私たちは，ついつい「5つの工夫の真逆のこと」をしてしまう。そのために，折角，ゲートキーパーとして動き出したのに，失敗してしまう。これは，本当に勿体ない，悔しいことだ。
　「5つの工夫の真逆のこと」というのは以下のようなことだ。

```
┌─────────────────────────────────────────────────────────┐
│                 「5つの工夫の真逆のこと」                  │
│                                                           │
│ ①（話し始めに，話の途中に）話を終わらせてしまう          │
│ ②明るい話に誘導する                                       │
│ ③蕩々とアドバイスする                                     │
│ ④強い口調で正論を言う                                     │
│ ⑤心理面のことだけに終始する，あるいは，哲学論争に終始する │
│ ⑥難しい「対話パターン」がある                             │
│ ⑦私たちの癖や個性，苦手なタイプ，こだわりが災いして相手に寄り │
│   添えないことがある                                       │
└─────────────────────────────────────────────────────────┘
```

　この「5つの工夫の真逆のこと」は，誰もがしがちで，かつ，ゲートキーパー活動を失敗に終わらせかねないことだ。反対に，「5つの工夫の真逆のこと」をしなければ，ゲートキーパー活動は，ほぼほぼうまくいく。それほどに重大なことなので，詳しく述べておきたい。

①話を早々に終わらせてしまう

　話を聞き始めたが，途中で（話し始めに，話の途中に）終わらせてしまうことがとても多い。終わらせ方はさまざまだ。プツリと終わらせる，"元気出して"，"時間がないので"などと言って終わらせる，話題を変えて終わらせる，などだ。

　　話し始め（話し始めに，話の途中に）

　　　話し始めは，どうしてもギクシャクしたり，素っ気ない言葉，きつい言葉が出てきがちだ。それが不快で早々に話を打ち切っ

てしまうことがある。「話し始めはギクシャクするものだ」とあらかじめ想定していたら，もう少し辛抱できるだろう。

話の途中で

相手の話し方（回りくどい，まとまりが悪い，頑固）や，相手の態度（揚げ足を取ってくる，不満をぶつけてくる，ひねくれた言い方をする）に，辛抱できず，途中で話を終わらせてしまうこともよくある。

「話を終わらせてしまう」ことをしないようにするにはどうすれば良いか。答えは単純，「辛抱する」だ。"話しにくいことを話す"会話だから，話し方や態度が"ぎこちなかったり，多少失礼だったり"はやむを得ないことだ。そのことをあらかじめ予想しているともう少しは辛抱できるかもしれない。

②明るい話に誘導して安心する

暗い表情で呆然としている人に気づいたので，声をかけたら，「死にたい」と漏らされたとき，「死にたい」ことにはほとんど触れないままに，「どんなお仕事をされているのですか？」と質問する，相手がそれに答えたら，「そうですか，建設業ですか？」と関心を示し，さらに「マンションの建設ですか？」と質問する，そうやって明るい会話にもっていく，そんな対応をする人がいる。死にたいと思い詰めている人を明るくすれば死にたい気持ちが薄れると考えてのことだ。相手が人に誠実に対応する人だと，「死にたい気持ち」でいても，自分のことを気遣ってくれている人からの質問にはきちんと答える。相手が明るい会話をしたいのがわかるので，少し笑顔を作るかもしれない。それを見て声をかけた人は，"良かった，死にたい気

持ちを弱められた”と思ってしまう。ところが，このあと，一人になったとき，相手の人は自殺企図を決行するかもしれない。

　このような対応は良くない。良くないのは，（気づいて声をかけたまではとても良かったが），相手の「死にたい気持ち」を聞くのを避けていたからだ。「死にたい気持ち」がどんな気持ちで，どんな事情があるのか聞いていない。

　実は相手は，事業が行き詰まっていて破産寸前でいるのかもしれない。『破産したら，子どもの授業料も払えなくなる，妻は離婚を仄めかしている，母親の介護も今まで通りにはできなくなる。従業員も困るだろう。自分が経営判断を誤ったためだ，すべて自分が蒔いた種だ，申し訳ない』と考えていて，追い詰められているのかもしれない。相手が深刻な事情を抱えていることを，一部分でも聞き出せたら，相手の大変さがわかる。「それは大変ですね」と言える。そのように言えたとき相手は，大変さを（少し）わかってもらえたと感じて気持ちが（必ず）少し楽になる。BPSASが少しほぐれて，自殺リスクが（少し）弱まる。

　相手の「死にたい気持ち」を聞く，相手の大変な事情を聞くのを避けて，明るい話に誘導して相手の自殺リスクを弱めようとしても成功しない。相手は，（他人に対して誠実な人であればあるほど，話を合わせて，元気に振る舞うかもしれないが），明るい話に合わせている間も，心の中は追い詰められたままだ。それどころか誰も自分を助けられないと，いっそう追い詰められたかもしれない。

　誰かが「暗くなっている」とき，明るい話に誘導して，相手を楽にさせるのは，普段，誰もが行っていることだ。親しい者の間では「友人が力になってくれる」と感じられて，暗くなっている人の気持

ちが少し和らぐこともある。しかし，あまり親しくない人に対しては，そして，その人が追い詰められているときに，明るい話に誘導する対応は逆効果になり，とても危険なことだ。

> 明るい話の直後に，自殺企図した事例が少なくない。
> ●「いじめ自殺」とされた中学生は，自宅で縊首する3時間前に，訪ねてきた友人と公園でサッカーをしていた。サッカーのあと，友人と別れて，自宅に戻ったあと，あまり時間をおかずに縊首していた。母親が帰宅してくる前に決行していた。
> ●男性，30歳，会社員は，仕事で重大なミスをして上司から厳しく叱責され，翌日出社しなかった。心配した同僚が自宅を訪ねて近所の喫茶店で話をした。友人が会社のテニス部の話題を持ちかけ，明るい会話になった。だが，その日の深夜に縊首した。
> ●女性，78歳，無職。夫を1週間前に亡くす。そのあと沈んでいるのを心配した友人が訪ねて，そのときは，昔話に花が咲いたが，その夜に縊首した。

③蕩々とアドバイスしてしまう

　相手が話している途中でアドバイスを始めてしまうことがとても多い。例えば，相手が"仕事が辛い，父親と折り合えない，……"と話しているのを捉えて，"仕事の仕方，父親との折り合い方など"について，「こうした方が良いのでは」とアドバイスするといったことである。下手にアドバイスすると，そのあと，対話がギクシャクしてしまう〜壊れてしまうことが多い。

　理由は明白だ。話し途中では，こちらは相手のことを，まだあまりわかっていない。その段階でのアドバイスは，相手のことを早わ

かり（早とちり）していて，相手にとって"決めつけ〜見当違い"な内容になっている可能性が高い。アドバイスされて相手は不満が募って反発するかもしれない。反発しないまでも内心ではわかってもらえていないと思うだろう。アドバイスをきっかけに対話の雰囲気が，微妙に変わる，激しく変わることもある。それに気づいたらすぐに軌道修正が必要だ（「ピント外れのことを言ってすみません」と謝るなど）。しかし軌道修正してもギクシャクがおさまらないこともある。

「電話相談でアドバイスを相手がどのように受け取ったか」

　以下は，電話相談の相談記録から，「アドバイスしたとき相手がどのように受け取ったか」を拾い出して大雑把にグループ分けしてみたものだ。

肯定的に受け止めていた事例
- 「たくさんアドバイスされた。熱意がこもっていて，ありがたかった，心強くなった」
- 「いろいろアドバイスしてもらった，温かくて，優しくて，ありがたかった」
- 「混乱して，どうして良いかわからなくなっているとき，アドバイスしてもらって何とかなるのではと思えた」

否定的に受け止めていた事例
- 「どうして良いかわからなくなっているとき，一方的に（ありきたり，きめつけ，見当違いな）アドバイスをされ，いっそう混乱させ

られた」
- 「（ありきたり，きめつけ，見当違いな）アドバイスをされた。上から目線で見下されている。不快で腹が立った」
- 「（ありきたり，きめつけ，見当違いな）アドバイスをされた。自分の辛さをわかってもらえない。結局，誰も自分の辛さをわかってくれないと思った」

　比率では，「肯定的に受け止めた」ケースよりも，「否定的に受け止めた」ケースの方がかなり多かった。
　さらに「"失敗気味"に終わった相談事例」を点検してみてわかったことだが，約半数は相手の話の途中で相談員がアドバイスを始めていた事例だった。
　アドバイスすることの"危うさ"を，経験を通して知っているので，多くの相談員はアドバイスすることに慎重だ。失敗を何度重ねても，"アドバイス好き"が変わらない相談員もいる。

　対話していて「アドバイスすること」はありふれた行為だが，実はとても微妙な行為だ。「アドバイスすること」について日頃から頭に入れておきたい三つのことを指摘しておきたい。

「アドバイスすること」について
日頃から頭に入れておきたい三つのこと

①私たちはアドバイスするのが好き／
アドバイスされるのは好きではない

　人は，普段，人間関係のしがらみの中にあって，言いたいことが言えないでいて，誰しも（人によって強弱の違いはあるが）鬱屈している。それは「チャンスがあれば相手の上に立ちたい」気持ちだ。たまたまゲートキーパーとして動くときは「言いたいことを言う〜人の上に立つ」誘惑にかられる瞬間だ。ついついアドバイスし始めてしまう。一旦始めると蕩々とアドバイスしてしまう。他方で，アドバイスされる方は，蕩々とアドバイスされると，日頃の鬱屈がいっそう強まる。良さそうなアドバイスも素直には聞けない，何か粗を見つけて言い返したくなってしまう。

> "相談員病"
>
> 　電話相談で，相談員が，相談を受けた途端に，普段の口調が一変して，蕩々とアドバイスを始めることがある。特に新人相談員はアドバイスするのが好きだ。「人の上に立てる快感」と「相談者からレベルが低いと思われるのでは」という恐怖が綯い交ぜになっているためだろう。

②常識的なアドバイスを受け入れられない

　私たちは「常識」に縛られている。相手の話や行動が「常識」から外れていたら，「それはこうではないか」「こうした方が良い」と，ついついアドバイスしてしまう。しかし，人はBPSASに陥っている，陥

りかけているとき，「常識」に合致した行動をとれなくなっていることが多い。そんなとき，常識的なアドバイスをされても，相手は受け入れないだろう。強くアドバイスされると無力感，反発，怒りを感じるだけだろう。

アドバイスではなく選択肢を示す方法

　常識的なアドバイスは受け入れられず，反発される。どうしても常識的なアドバイスを受け入れてもらう必要があるときは，相手に選択肢を示して選んでもらうようにすると，受け入れてもらえるかもしれない。しかし，追い詰められて常識的には考えられなくなっている人に常識的な選択肢を選ばせようとするのはかなり酷なことかもしれない。

---

③「相手の思いをそのまま受け入れる」とき，アドバイスは受け入れられる

　追い詰められると常識的に考える・行動することができなくなる。例えば，いろいろな事情から追い詰められて，投げやりになっている，誰かをひどく恨んでいる，他罰的になっている……ときは，相手を批判，非難しても始まらない。まずは，「（いろいろな事情から）相手がそんな思いでいることをそのまま受け入れる」ことが必要だ。受け入れると，不思議なことだが，相手への理解が深まる。それが相手に伝わり，こちらと相手との緊張が和らぐ。話しやすくなり，一緒に考えるようになる。そのときアドバイスもできる。そのアドバイスは受け入れられやすい。

　（注．相手の思いをそのまま受け入れることは相手の考えや行動を認める（容認する）ことではない。もし相手が，例えば誰かを道連れに自殺しようとしているとわかったときは，何としても止めなくてはならない）。

④強い口調で正論を言う

　相手の話を遮って「それは間違っている，あなたはこうすべきだ，自分に甘いのではないか……」と強い口調で（アドバイスというよりも）正論を言い，相手を叱る。

　こちらが「正論を言った」とき，「正論を言われた」人は，大抵，激しく反発し，意固地になる。さらに，（これまで頼っていた人に）わかってもらえないことで孤立感，絶望感が強まる。その結果，それまでは自殺リスクが高くなかった人を自殺企図に走らせてしまうことも起きる。子どもの自殺企図にはこうした事例が少なくない（親が激しく叱ったあとに，叱られた子どもがベランダから飛び降りようとするなど）。

　BPSASに陥っている・陥りかけている人に，強い口調で正論を言うと，反発，怒り，緊張・混乱，興奮が強まり，一気に自殺企図に追いやってしまいかねない。

　正論を言うことがどれほど良くないことかを，一つの事例で示してみたい。

正論で叱ったために追い詰めてしまった 中学２年生の事例

　Aさん（男性，40代）は，同じマンションに住んでいて日頃から会話を交わしていたB君（男子，中学２年生）が，いつもと違って暗いのに気づいて，声をかけた。B君から，すぐに反応がなかったが，ちょっと間をおいて，「死にたい，学校に行くのが嫌」と漏らした。「学校で

何かあったのか？」と尋ねたら，「いじめっ子がいる」と漏らした。それを聞いてＡさんは，即座に，「いじめっ子に負けるな，そんなことで死ぬなんてアホらしい，学校は大切だ，死ぬ気で学校に行け」と強い口調で叱咤激励した。Ａさんの叱咤激励にＢ君は頷いていた。そのあとマンションの自宅に戻っていった。Ｂ君の後ろ姿を見て，Ａさんは「自分は正しいこと（正論）を言った，素晴らしい助言をした」と思った。

　ところが，その日の夜にＢ君は自室で縊首企図した。幸いにも母親が気づいて止めることができた。

〈事例の考察〉

　〈Ａさんが気づいて声かけしたことは素晴らしいことだ〉

　Ａさんは大変な苦労人で，自分に厳しいが，周りの人には優しかった。同じマンションに住む母子家庭のＢ君のことは日頃から気にかけていて声かけしていた。Ｂ君にとって頼もしい大人だった。

　Ａさんの人となり，Ｂ君との日頃からの関係から，ＡさんがＢ君に声をかけるのは，ごく自然なことであった。それは素晴らしいことだ。

　〈Ｂ君が「弱音を吐いた」瞬間にＡさんは切れてしまった〉

　Ｂ君が漏らした言葉にＡさんは激しく切れてしまった。苦労人のＡさんは「弱音を吐かない」ことが長年の信条だった。

　〈ＡさんがＢ君から聞き取っていなかったことがたくさんあった〉

- ●Ａさんは，Ｂ君の話を話し半分で打ち切ったために，Ｂ君が「死にたい」と言っていることが，どれほど切迫したことだったのかを聞き取っていなかった。
- ●Ｂ君は，学校に近づくにつれて動悸が激しくなり，体が強ばるほど「学校に行くのが嫌」になっていた。
- ●Ｂ君が受けていたいじめは深刻なものだった。半年前に，からかいから始まって，最近の３カ月は，使い走り，身体的な暴力などが続

いていた。クラスメートの誰もがB君がいじめられていることを知っていたが，誰もが関わりを恐れて黙っていた。B君は，1カ月前に，担任に一度相談したが"お互い仲良くしろ"と双方を注意しただけだった。そのあとから，いじめは，さらにひどくなっていた。

●Aさんは，B君が母子家庭であることは知っていたが，家庭の内情は知らなかった。B君の母親は小企業で事務員をしていた。残業が多く，仕事がきつかった。B君は，仕事に疲れている母親に心配をかけたくないと思っていて，学校でのいじめのことは何も話していなかった。

●B君は，ひどく追い詰められていたために，心ここにあらずで，曖昧で，呆然としていた。いつもの快活さとはまるで違っていた。だが，AさんはB君の「弱音」に対して切れた瞬間から，B君がいつもとは違っていることに注意が行かなかった。

この事例は，思わず「正論」を言ってしまうことがどんなに危ういことか，また，話を半分しか聞かないことがどんなに危ういことかを教えてくれる。

「正論を言うのは良くない」としても，相手が，どうみても，独りよがり，歪んでいる，許しがたいことを言っている（母親のせいだ，小遣いくれたら学校に行く，クラスメートに報復したい……など）とき，どうすれば良いのか？

そんなときでも，やはり，まずは辛抱して相手の（混乱気味の）話を一通り聞かなくてはならない。兎にも角にも聞くことが大切だ。一通り聞いたあと，（話をわかりやすくするために，できるだけ相手の言葉を使いながら）「こんな気持ちになっているのですね」と整理

して返す（否，そうではありません，こうですと返してくるかもしれない，それはそれで良い。そうやって相手は気持ちを整理できたのだ）。気持ちを整理することによって相手の混乱は少し収まるだろう。貴重な前進だ。

しかし，整理した内容は，なお独りよがり，歪んでいる，許しがたいことが多いだろう。このあとの展開のさせ方が重要になる。どうするか？

「どんなお気持ちになっているかが良くわかりました。でも（母親，クラスメート……について）こういうことも考えていなくてはならないのでは？」と，整理しきれていないことを指摘したり，立場を変えてみるように促す，など少し掘り下げるように仕向ける。こちらが仕向けたことに応えて相手なりに少し掘り下げたら，気持ちの整理はさらに少し進むだろう。これを（数回～数十回）繰り返すことで，本人の主張は「許容範囲の主張～ほぼ正論」にたどり着くだろう。

面倒なことだと思われるかもしれないが，実行してみると，これが一番の早道で，かつ，確実な道だとわかるだろう。是非取り組んでみて欲しい。

追記だが，「正論を言うのは良くない」と強く思っていても，ついつい正論を言ってしまう瞬間がある。「死にます」と言われたときだ。

「死にます」と言われたとき

　「死にます」と言われることは珍しいことではない。そのとき，つい，「死んではいけない」「命は尊い，ご両親を裏切ることになる，……」と（正論を）言ってしまいがちだ。

　そう言われて相手はどう思うだろう。「この人は自分のことを心配してくれているのだろう」と頭ではわかるが，「この人は自分の大変さをまるでわかっていない」「自分の辛さは誰にもわかってもらえないのだ」と思ってしまうのではないか。

　「死にます」と言われたときは，「死にたいと思うほど辛いお気持ちなのですね」「そのお気持ちを話していただけませんか，どんなことがあったのですか」と真剣に心配し，こちらがとても心配していることを伝えるのが自然な対応だろう。

　相手から（たぶん初めは少しずつ）話してもらう。話してもらったことを，相手の言葉を使って整理する。整理しながら，一緒に考えを深めていく。そうやっているうちに，多くの場合，「死ぬ」ことではなくて，どうしたら苦境を乗り越えられるかを一緒に考えるようになっていくだろう（ただし，精神病性の症状が背景にあるときは別だ。例えば，幻聴や妄想がある，不安焦燥が著しい，抑うつ感，罪業感が著しいときは，気持ちを整理しようとしてもうまくいかない，かえって，症状が強まってしまう）。

「死なない約束」は逆効果

　「死にます」と言われたとき「死なない約束をしてください」「死なない約束をしないとこれ以上お話しはできません」と答える人がいる。もっともらしい対応のようだが，内実は「死にます」という人に "沈

黙する”か“出禁”かの選択を迫っているだけだ。お勧めできることではない。

⑤心理面のことだけを話し続ける，哲学論争に終始する

「辛い」「死にたい」と言われたら，大抵の場合，「どうされたのですか，何があったのですか」と聞くだろう。どういうことか具体的に知りたいからだ。ところが，具体的に聞こうとせず，「辛いのですね」と返すことがある。心理面に注目した返しである。

心理面のことだけを話し続ける

このような返し方をしたとき，そのときは，相手は自分のことをわかってもらえたと感じて，気持ちが少し楽になるだろう。最初の一歩としては，これも「あり」だろう。しかし，そのあとも心理面のことだけを話し続けてしまうことがある。これはとても危険なことだ。なぜなら以下のようなことが起きるからである。

心理面のことだけを話し続けたとき“起きがちなパターン”

「辛い」と訴えられたとき「そうですか，とても辛いのですね」と返したら，相手が「もう生きてはいられないのです」と返してきた。それに対して「そんなに辛いのですね」と返したら，相手はさらに強い表現を返してきた。そのあと，言葉を返すたびに相手の表現は強まっていった。そうしているうちに，相手が「もう死にます」と叫ぶように言い出した。思わず「死なないでください」と返したら，相手は「い

や死にます」と言い張った。そのあと，延々，「死にます」「死なない
でください」の応酬になってしまった。

"起きがちなパターン"からわかることは，心理面のことだけを取
り上げていると，相手の表現の強さがエスカレートしていくことだ。
何故そうなるのだろう。心理面のことだけを取り上げていると，最
初の瞬間はわかってもらえたように思えて，次の瞬間に，深刻な実
情を知ってもらったわけではないので，「わかってもらえていない」
感じが湧き出してくるからではないか。そのため，もっとわかって
もらいたくて相手は表現を強める。それにも，なお同じように心理
面のことだけしか取り上げられなかったら，相手はさらに表現を強
める。

このエスカレートはとても危険だ。それは，話し始めのときは，
それほどには辛いとは思っていなかったのが，話すうちに，やっぱ
り自分はこんなにも辛いのだと思うようになるからだ。端的に言え
ば「辛いと言えば言うほど辛さが強まる」のである。

"辛さ"だけではない。不安，恐怖，絶望，敵意，などさまざまな
気持ちについても同様である。「気持ちを言えば言うほど気持ちは強
まる」。このことをBPSASとの関係で言えば「気持ちを言えば言う
ほど心理的視野狭窄が強まる」。

心理面のことだけを取り上げることはとても危険なことだ。それ
なのに，どうして私たちは心理面のことだけを取り上げ続けてしま
うのか？

答えは簡単だ。私たちは心理面にこだわり続けることがとても好
きだからだ。文学的に表現すれば「私たちは感傷にふける」ことが

とても好きだ。しかし、「感傷にふけってはいられない」という言葉も私たちは知っている。ゲートキーパー活動は、まさにそうだ。心理面だけでなく、「どうしたのですか、何があったのですか」と聞いていく。詳しく話してはもらえないかもしれないが、話せる範囲で話してもらう。少しでも具体的に話してもらえたら、どうしたら良いかを一緒に考えていくことができる。

　広く知られているように「辛さ、不安、絶望、恐怖、敵意など」の気持ちは「具体的に考える」と薄らぐ。「具体的に考える」、即ち、いろいろな角度から考えると、確実に視野が拡がる。視野が拡がると、混乱を少し整理でき、対処法や対策も（ぼんやりであっても）見えてくる。もしBPSASに陥っていたら、BPSASがほぐれる。
　ただし、「具体的に考える」ことは自分一人では難しい。もし、一人で考えて悪い結論しか出てこなかったら、本当に行き詰まってしまう。それが怖くて、自分一人では考えられず、ただ呆然としてしまっていることが少なくない。そんなとき、誰かに話を聞いてもらえ、一緒に具体的に考えてもらえたらありがたい。その「誰か」となる（ならざるを得ない）のは、たまたまゲートキーパーとなった人（あるいは、ゲートキーパーから紹介してもらった人）だ。

哲学論争に終始する

　話し始めた途端に「生きる意味は何ですか」と相手から哲学的な質問をされることがある。そう質問されたとき、例えば「命の大切さ……、仏教では……、哲学者のカントは……、私の考えは……」などと答えると、相手が反論してくる、それに反論を返す。そんなふうにして哲学論争が延々と続くことがある。こうした哲学論争は

危険である。

　相手が苦しんでいるのは，哲学理論ではなく，その人自身のことだ。苦しんでいることを素直に口にできず，少し格好つけして，哲学的な質問に置き換えて訴えているのだ。そのことは相手が醸し出している雰囲気に注意を払えばきっと読み取れるだろう。たぶん，ちょっと尊大で，固くて，暗いトーンだろう。

　相手が格好つけて哲学的な質問で訴えてきたとき，それに哲学的に答えると，最初の一瞬，相手は「自分の言うことに耳を傾けてくれた」と思うかもしれない，しかし，哲学論争が続くと，「この人は自分のことをわかろうとしていない」と感じて不満が募る。不満が募ってくるので，哲学論争は，大抵，口論になる。口論は次第に激しくなる。こちらに対する怒り，そして「誰にもわかってもらえない」という絶望感が綯い交ぜになっている。危険だ。

　話していて「哲学論争」に填まってしまったと気づいたときは，すぐに軌道修正した方が良い。「難しいことを考えておられるのですね，どうしてそんな難しいことを考えるようになられたのですか？」と，「哲学」ではなく，「相手のこと」に関心を向けるようにする。その際，気をつけることは，相手が少し格好をつけないではいられないでいることを考えて，相手を尊敬していることがしっかり伝わるようにすることだ。

「抽象的な話」に終始したとき 「心理技法のアドバイス」で終わらせること

　抽象的な話に終始すると，具体的なことを何も言えないので，話の終わらせ方がとても難しい。そんなとき，最近の流行は，「心理技法のアドバイス」で終わらせることだ。「深呼吸してみてください，〇〇法の呼吸をお教えしますね，試してみてください，リラックスする体操をしてみてください，今日はこのあとお風呂にゆったり入って，早めにお休みください……」などである。

　相手が「自殺のリスクが低い人の場合」は，感銘を受け，感謝され，それで話を終わらせられるかもしれない。しかし，その人が，そのあと孤独に戻ったとき，さっき感銘を受けたことを虚しいことに感じるのではないか。

　もし相手が「自殺リスクが高い人の場合」は，「心理技法のアドバイス」をされると，この人は自分のことを何もわかっていないと感じて怒りを抱くのではないか，あるいは，「誰にもわかってもらえない」と絶望し，いっそう追い詰められてしまうかもしれない。

　「心理面のことだけを話し続ける」，あるいは，「哲学論争に終始する」ことを，私たちはしてしまいがちだ。これが良くないのは，一口で言えば，抽象的な話に留まっているからだ。抽象的に話していると，相手には，わかってもらえていない感じが強まり，不満が募る。

　相手と話すときは，常に相手のことに関心を持ち，少しでも具体的に話していくことが大切だ。少しでも具体的に話すようにすると，相手は視野を拡げられ，混乱を少し整理でき，対処法や対策を少し

見つけ出せる。少し見つけ出せるだけで，追い詰められた気持ち（BPSASに陥っている・陥りかけている気持ち）はほぐれる。こちらも，相手のことがいろいろわかり，この人に「具体的にどのような支援が必要なのか」が見えてくる。

⑥難しい「対話パターン」がある

　自殺防止のための電話相談での経験だが，相談員が“対応に困る”対話パターンがある。たびたび経験するのは以下のようなパターンだ。相談員はとても困ってしまう。こうしたことがあったあとに辞める相談員が少なくない。

電話相談で相談員が“対応に困る”対話パターン

①相談者が“駄目だ”と言い続け，相談員がどのように慰めても受け付けない

②最初に「苦しい」と弱々しい声で訴え，途中で一転して激しく相談員を責め立てる。相談員の言葉尻を捉えて，罵詈雑言を浴びせ続ける

③「こんなことをされた」と職場の上司などを非難し，相談員に“それは酷い”と言わせようとする。相談員から言質をとって利用しようとしているのではないかと疑ってしまう。

④（“○○を痛めつけて自分は死ぬ”など）他害行為を仄めかす

　「電話相談」と違ってゲートキーパーは対象者と「対面」で話すことが多いが，「対面」でも同じような「対応に困る対話パターン」が（頻度は少ないが）起きる。ゲートキーパーとなった人は「緊張，恐

怖，苛立ち，無力感」を覚えるだろう。思わず，「反論したくなる，批判したくなる，叱責したくなる，話を打ち切りたくなる」こともあるだろう。でも，それをしてしまうと折角始めた対話が無に帰する。それどころか揉め事になるかもしれない。

　こんなとき，ゲートキーパーはどうすれば良いだろう。この人をどう見るかがとても大切だ。「この人は，今は，普通の会話ができない，行儀正しくできない，こちらを操作することに走ってしまう，常識を外れたことしか言えない」「それほどに追い詰められている」のではないか。

　そのように相手を見られたら，「今，そんなふうに考えておられるのですね，そんなふうにしか思えないのですね」と言えるだろう。口で言わなくても，相手への態度で示せるかもしれない。これは，ひと言で言えば，「相手を受け入れる」ことだ。

> 　こちら（ゲートキーパー）が言った言葉が適切でなかったら謝ることが大切だ。
> 　もし，こちら（ゲートキーパー）の言った言葉に反発され，自分でも言いすぎの面があると思ったら謝ることが大切だ。誰しも"謝る"ことはしたくない，謝るとさらに嵩にかかれるかもしれない。しかし，私の経験では，ほとんどの場合，こちらが謝ったことがきっかけになって，対話は穏やかになる。

　「相手を受け入れている」ことが相手に段々に伝わると，段々と激しい口調が薄れてきて，自然な対話になることが多い。しかし，一向に激しさが変わらないこともあるだろう。

対話が自然なものになっても，一向に激しさが変わらないときも，二つのことが大切だ。一つは，自殺リスクをアセスメントし，アセスメントに応じた対応をすること，もう一つは，非常識な行為や他害行為におよびかねないリスクがあるかどうかをチェックし，もしその危険があるときは対策を考えることだ。

　自殺リスクアセスメントについては後述する。非常識な行為や他害行為におよびかねないおそれがあるときは，こちら（ゲートキーパー）は相手に「いろいろあっても決してそんなことはしないで」と言わなくてはならない。相手に言うだけでなく，切迫しているときは，攻撃対象となりかねない人を守ることも考えなくてはならない。保健所に相談するといったことが必要かもしれない。

⑦私たちの「癖，個性，こだわり」が災いして「5つの工夫」ができないことがある

　誰かが相談に乗っているとき，その様子を側で聞いていて "何と下手な対応しているんだ" と思うことがあるだろう。岡目八目である。"下手な対応" の原因がゲートキーパーの「癖，個性，こだわり」であることがとても多い。

　ゲートキーパーの「**癖**」としては，「早口，せっかち，きつい，声のトーンが高過ぎる」などだ。「**個性**」としては，「真面目過ぎる，几帳面過ぎる，暗過ぎる，大雑把過ぎる，気軽過ぎる，明る過ぎる」などだ。また「**こだわり**」としては「権利侵害に強くこだわる，心理理論にこだわる」などである（電話相談では，新人相談員が，勉強したての心理理論にこだわって，すべてをその理論で解釈して対応しようとすることが良くある）。

3 ACCAP；「5つの工夫」の真逆をしないための工夫

　以上，私たちは，ついつい，「5つの工夫」の真逆をしがちであること，どのような真逆をしてしまうのか，そうしないためにはどうすれば良いかについて述べてきた。これらは言うならば「問題別の工夫」である。

　ところで，こうした「問題別の工夫」とは別に，相談を受けるときの「一般的な工夫」も「5つの工夫の真逆をする」のを防止するのに役立つ。私たち（メンタルケア協議会）ではACCAPと呼んでいる「工夫」を実践している。それをご紹介したい。

　次に示すのは，「ACCAP＋補足7箇条」バージョンである。

ACCAP

　Accept（傾聴），Clarify（明確化），Advice Positively（明るめに終わる）の略語である。

ACCAP補足7箇条

　ACCAPの中に含まれていることだが，重要な7項目を改めてとりあげて「ACCAP補足7箇条」として掲げた。7箇条は以下のような内容である。

　　①早わかりしない（言葉一つひとつを噛みしめる）
　　②対応をケチらない（驚くような話には驚く，謝るべきときは謝る）

---

③アドバイスは控える（まずは相手を受け入れる）

④「正論」を言わない

⑤自分の陰性感情に早く気づく（陰性感情に流されないようにする）

⑥タメ語を使わない

⑦1mmの明るさを保つ（深刻になり過ぎない）

①ACCAPの解説

Accept（傾聴）

　相手の話にしっかり耳を傾けることが大切だ。電話相談や対面相談での経験から，人はおおよそ10分くらい話すと，話したいことのアウトラインを話している。おおよそ10分くらい聞くと相手の話す勢いが少し落ちる。"勢いが少し落ちる"のが，話したいことをおおよそ話したサインだ。

　だから，おおよそ10分くらいはひたすら耳を傾ける。その間は"言葉の意味を確かめる以外の質問"は控える。

最初の10分間は質問を控えた方が良い

　最初の10分くらいまでに，こちらから質問してしまうと，どんなことが起きるか。相手はこちらの質問に沿った話をするだろう。相手が話したことに，こちらがさらに質問していくと，相手がそれに沿った話をする。こんなことを続けていると，いつしか「相手の話」が完成するが，その内容は相手が話したかったこととは大きく違っているだろう。たぶん"こちらがイメージした通りの答え"になっているだろう。

「話すように促すこと」と「質問すること」の違い

　こちらが相手の話に耳を傾けようとしても，相手から話してくれない，口がとても重いことがある。そのときは，まずは，相手が話し出すのを「待つ」しかない。しばらく待っても話し出さないときは“話しやすいことから話してみられたら”と促してみる。あるいは，話しやすくするための「きっかけ作り」「雰囲気作り」を目的に，例えば，“寒くはないですか？”，“疲れておられるのでは？”など「相手を労る言葉掛け」をする。とにもかくにも，最初のうちは，相手から話してもらうように仕向ける。

　相手が，なかなか話してくれないとき，こちらから「質問」したくなるが，極力我慢する。それをしてしまうと，前述したように，「相手の話」が，こちらの質問に合わせた内容になっていて，相手が話したかったこととは大きく違ってしまう。

　「10分くらいはひたすら傾聴する」ことをルールにしておくと，（起きがちな）「話し始めに話を打ち切ってしまう」ことをしないですむ。モタモタした話であっても相手が話したいことがわかってくるので，「話の途中で話を打ち切ってしまう」ことも減らせる。

　「蕩々とアドバイスする」「強い口調で正論を言う」といったことをするのは，大抵，相手が5分くらい話した辺りから始めている。“話し半分”で「早わかり」して，こちらの持論を展開している可能性が高い。10分間辛抱して聞くと，相手の意外な面が見えてくる。意外な面が見えてきたとき，「早わかり（早とちり）」しなくて良かったと実感するだろう。

　10分くらいして，相手が話したいと思っていたことの“おおよそ”

をほぼ話し終えたようだと感じられたら，次の段階に移る。

Clarify（明確化：まとめる，深める，一緒に考える）

　相手がそれまで話したことを（できるだけ相手の言葉を用いて）まとめる。「こういうことなのですね」と確かめる。そうではないと言われたら，違うところを指摘してもらいながら，まとめ直し，相手が納得する「まとめ」を作る。たぶん大雑把な内容だ。

　まとめられたら，「まとめたことを深めていく」，例えば，まとめた内容が「上司のハラスメントで追い詰められている」だったとして，「上司はどんな人か，ハラスメントは具体的にどんなことか，ハラスメントを受けてどんな思いをしたのか，……」などと質問していく。具体的に質問して，「まとめたことを深めていく」と，話す内容が増えていく。話す内容が増えていくと，「心理面のことだけを話し続ける」とか，「哲学論争に終始する」といったことにはならない。そして，話す内容が増えていくと，相手は，視野が拡がり，それまでの視野狭窄から解放される。もし，BPSASに陥っていたとき〜陥りかけていたときは，BPSASがほぐれる〜離れられる。

Clarify（明確化）が「負担なとき」「危険なとき」がある

　あまりに苦しくて，そのことを具体的に話すことが難しいことがある。決して珍しいことではない。だから，「まとめたこと」について質問するときは配慮が必要だ。「話せる範囲で話してください」と言ってから質問した方が良い。話している途中で，話すことが負担そうだっ

たら，「話しにくかったら話さなくて良いですからね」と言った方が良い。こちらが，そのように言うことで，相手は「自分のことをわかってもらえた」と感じるだろう。

　まとめようとしても，まとまらない，それどころか，話すうちに，かえって混乱する，不安や恐怖が強まる，絶望感が強まる，興奮してくることに気づかれたら，まとめること（Clarify〈明確化〉）は中止する。精神病性の症状（妄想や幻覚など）が隠れている可能性も疑う。

　もし，精神病性の症状があるとわかったときは，まとめること（Clarify〈明確化〉）は，おおまかなレベルに留めるようにした方が良い。具体的に質問すると，症状を活発化させる危険性がある。

　「まとめたことを深めていく」と，相手のこと，そして，相手が置かれている状況が具体的に見えてくる。具体的に見えてきたら「これからどうしたら良いか」を相手と一緒に具体的に考えはじめることができる。

　具体的に考えはじめたときに大切なことは，アドバイス（助言）は極力控えることだ。アドバイスするのではなく，まず，「問題の整理を手伝うこと」，整理できたら，これからどうしたら良いか「選択肢を考える手伝い」をする。

　大抵の人が「人にアドバイスする」ことが大好きだ。誘惑に負けて，ついついアドバイスすると，アドバイスされた側は，ありがたいと思うこともあるが，嫌な感じ（低く見られた，その人の下になった，弱みを握られた，……）を抱いてしまうこともある。どちらかと言えば，嫌な感じを抱いてしまうことの方が多い。そして，嫌な感じを持たれると，折角の良い提案も相手に受け入れてもらえない。

　しかし，アドバイスではなく，「選択肢を考える手伝い」だと，相

手に嫌な感じを抱かれることは少ない。相手に受け入れてもらえる。

　ところで，「問題の整理」はできても，「これからどうしたら良いか」は，難し過ぎて，選択肢を思いつかない，多少思いついても，実行が難しい，ひと言で言えば，絶望的なことが明らかになることがある。そんなとき，こちらがどのような態度を示すかはとても重要だ。それには二つのことが必要となる。こちらが「絶望を共有する」こと，同時に，"1mmの希望"を捨てない構えを見せること。

　もし，こちらが絶望感だけでいっぱいになったら，相手は，（話したことで話す以前より），深く絶望して，追い詰められてしまう。"1mmの希望"は誤魔化しではない。『人生はわからない』『未来はわからない』『最後まで諦めない』のが正しいからだ。

Advice Positively（明るめに終わる）

　話すことで未来の展望が開けたら良いが，未来の展望が開けず，絶望が深まることもある。あるいは，話し途中で話し終えなくてはならない〜中途半端な終わり方しかできないこともある。

　どのような終わり方であっても，話を終えるときには，相手に"未来への希望"を1mmでも持ってもらえるように，こちらからメッセージをしっかり伝えることが大切だ。"Advice Positively"である。

　何のメッセージもなく，何となく，暗いまま，深刻なままに終わるのは最悪だ。何故なら，相手はこちらと話している間は，しっかり自分を保っていても，話し終えて，一人になったとき，ひたすら絶望してしまうかもしれないからだ。

　話し終えるときのメッセージは，フレーズと，声の勢い，表情，態度など非言語的なものと併せて伝える。

どんなフレーズを選ぶかは，そのときの話の流れで自然に決まるだろう。例えば，「お話しできて良かったです」「この話の続きをお話ししたいです」などだ。フレーズなしで，"真摯にほんの少し明るい雰囲気で向き合って終わる"ことが良いメッセージになることもあるだろう。

② ACCAP補足7箇条の解説

　ACCAPで「"5つの工夫"の真逆をしてしまう」ことをかなり強力に防止できる。それでもなお，時にはついつい「"5つの工夫"の真逆をしてしまう」。「"5つの工夫"の真逆をしてしまう」ことは，それほどに"引力が強烈だ"。

　「"5つの工夫"の真逆」で，ついついやってしまいがちなことを，ACCAPに補足する形で具体的かつ簡潔に列挙して注意喚起することにした。それが「ACCAP補足7箇条」である。

ACCAP補足7箇条

①早わかりしない（言葉一つひとつを噛みしめる）

②対応をケチらない（驚くような話には驚く，謝るべきときは謝る）

③アドバイスは控える（まず相手を受け入れる）

④「正論」を言わない

⑤自分の陰性感情に早く気づく（陰性感情に流されないようにする）

⑥タメ語を使わない

⑦1mmの明るさを保つ（深刻になり過ぎない）

この「ACCAP補足7箇条」を導入し，私たちはその効果を実感している。

　「ACCAP補足7箇条」について簡略に説明しよう。

●早わかりしない（言葉一つひとつを噛みしめる）
　「早わかりしない」。これは強調してもし過ぎないほど重要なことだ。相手が発した言葉を，例えば「辛い」と漏らしたとき，それを漠然と「辛いのだな」と受け取って，相手のことを理解したつもりになっては駄目だ。さまざまな心理学実験でも証明されていることだが，相手の発した言葉をどう受け取ったか，受け取った内容を改めて点検してみると，人によって，受け取り方に大きな違い・幅がある。人によって受け取り方には違い・幅が大きいので，「人の言った言葉を漠然と理解する即ち早わかりする」ことは良いことではない。相手の言葉，とりわけ「重要な言葉」は，早わかりせず，しっかり噛みしめ，どのような意味で言ったのか正確に理解するようにしなくてはならない。正確に把握する最も手っ取り早い方法は，相手に直接確かめることだ。例えば，「辛いと言われたけど，どんなに辛いのか，もう少し説明してください」と質問するなどである。

●対応をケチらない（驚くような話には驚く，謝るべきときは謝る）
　例えば，相手が"きっとこちらが驚くだろう"を話してきたときは，こちらは（大なり小なり）驚かなくてはならない。相手が，意を決して，本人にとって重要なことを話してきたときは，相手の話を真剣に受け止めていることが伝わるようにしなくてはならない。相手が怒っていて謝ってほしいと言ってきたとき，謝るべき事柄は

きちんと謝る。ひとまとめに言えば、「対応をケチらない」ことが大切だ。「対応をケチらない」ことは一種の礼儀作法だ。ところが、この礼儀作法が、相談場面では意外に難しい。驚く話、真剣な話、謝罪を求めてきたとき、それにどう応えたものか戸惑ってしまい、ついつい、モノトーン、無感動な返しをしてしまいがちだ。そんな返し方をすると、相手は、話を聞いてもらえていない、見下されている、と思ってしまい、こちらに不信感や敵意を抱いてしまい、そのあと対話がうまく進まなくなる。

● アドバイスは控える

　私たちはアドバイスするのが好きだ。しかし、私たちは他の人からアドバイスされると、内心では参考になっても、つい反発してしまう。頑なになってしまうかもしれない。アドバイスしなくてはならないときは、"アドバイスの形"はできるだけ控え、選択肢を示して相手に選んでもらうようにした方が良い。

● 「正論」を言わない

　人は正論を言うのがとても好きだ。しかし、「正論」を言ってしまうと、言われた相手は、反発、怒り、緊張・混乱、興奮が強まり、そして、追い詰められてしまう。とても危険なことだ。

● 自分の陰性感情に早く気づく（陰性感情に流されないようにする）

　陰性感情は、気づいていないと、それに流されてしまい、「話を聞く」ことができなくなる。早々に気づいていると、流されないですむ。

● タメ語を使わない

　タメ語を使うのは，対話が難しい相手との距離を早く縮めたい狙いからのことが多い。しかし，タメ語を使うと，使われた相手は見下されたと感じかねない。また，相手との距離を一気に縮めてしまうので，相手から強く依存されかねない。依存された関係は，うまくいっている間は良いが，一旦こじれると，対応がとても難しくなる。タメ語は使わない方が良い。

● 1mmの明るさを保つ（深刻になり過ぎない）

　話が"暗く""重く"終わるのは危険だ。話を終えるとき，必ず，相手に"未来への希望"を1mmでも持ってもらえるようにする。

相談は ACCAP で進める

傾聴 Accept	相談者に話すように促し、相談者が話すことにひたすら耳を傾ける。	・おおよそ10分間はそうした方が良い。 ・相談者が話している間、言葉の意味を確かめる以外の質問は控える。 ・口が重い相談者を話しやすくする雰囲気作りや言葉かけ。
明確化 Clarify	〈相談者の話をまとめる〉 相談者が伝えたいことをおおよそ話したと感じられたところで「こんなことがあって辛い（不安、怒り、後悔、絶望、……）のですね」ときとめてみる。できるだけ相談者が話した言葉を使いながらまとめる。「そうではありません」と言われたら、まとめ直す。 〈まとめたことを、少し詳しく聞き、どうしたら良いか一緒に具体的に考える〉 おおよそまとめられたら、まとめたことについて質問して、少し詳しく具体的に話してもらい、どうしたら良いか一緒に考える。 例えば、「どういうことがあったのですか」「それはどう考えておられるのですか」「それはどういうことなんですね」「どうしたら良いですかね」、などでとる。	・相談者が話したことを噛みしめながら聞く。決して早わかりしない。 ・こちらからの質問。基本的な情報（一人暮らしか同居か、どんな仕事か、など）は把握するように努める。それ以外は「まとめたこと」に関連した内容の質問に限定した方が良い。 ・相談者の陰性感情。相談者に対して陰性感情（イライラしたり、反発、嫌悪感、妬み、など）が湧くことはよくあることだ。陰性感情に早く気づいて、それに流されないように努力する。
明るめに 終わる Advice Positively	どんなに深刻な話であっても、話を終えるときに、"1mmでも希望"を持ってもらえるメッセージを伝える。 「お話できて良かったです」「この話の続きをお話ししたいです」 "真実にはほんの少し明るい雰囲気で向き合って終わる"ともメッセージになる。	・何のメッセージもなく、何となく、暗いまま、深刻なままに終わると、話し終えて、一人になったとき、ひたすら絶望するかもしれない。

第3節
自殺リスクアセスメント

Ⅰ 自殺リスクのアセスメント
──どのように行うか

1 「本人の様子」と「本人の事情」の往復運動

　例えば，『Aさんが今日は普段と違って暗い』といったことがあったとして，大抵は，"何があったのかな"くらいで，自殺リスクを疑うことはしないだろう。しかし，誰かから『Aさんは仕事上で取り返しのつかない大損をだしたらしい』という話を耳にしたら，改めてAさんを見るだろう。改めてAさんを見ると，『いつもと違う，相当に暗い』と気づく。「事情」を知ったことで観察眼が鋭くなり，それまで気づかなかったことに気づいたのだ。もしBPSASのことを勉強していたら，観察眼がもっと鋭くなり，Aさんの自殺リスクを強く疑う。改めて「事情（Aさんについての噂）」は本当なのか，周りの事情通の人に確かめてみるだろう。「事情は相当深刻らしい」となると，観察眼はさらに鋭くなる。鋭くなると，今まで見えていなかったことがはっきり見えてくる。Aさんは切迫して危ないと確信する。

このように，「自殺リスクアセスメント」は「本人の様子」の把握と「本人の事情」の把握の間の“往復運動”で深まっていく。

2 　自殺リスクアセスメントのスタート地点，そこに留まっていてはいけない

“ひょっとして自殺のリスクがあるのではないか？”と気づく最初の場面・場合はさまざまである。最も多いのは，周囲の人が，『ひょっとして』と「**本人の様子**」の“異変”に気づいたときだろう。

次に多いのは，『ある人に大変なことがあったらしい（例えば仕事で大きな失敗をしたらしい，親しい人を亡くしたらしい，など)』と耳にして，つまり，最初に「**本人の事情**」を耳にしたときだろう。特殊な場面として，「電話相談窓口で本人からの相談」，警察官などが何らかの事由で，「本人の身柄を保護」したとき，などがある。

自殺リスクアセスメントを始める“スタート地点”はいろいろだ。肝心なことは，どこからスタートしても，決して，“スタートしたところ”に立ち止まっていてはならないことである。

　「本人の様子」からスタートしたときは，「本人の様子」をしっかり見ながらも，「本人の事情」についてのチェックをしていかなくてはならない。「本人の事情」からスタートしたときは，「本人の事情」をしっかり確認しながらも，「本人の様子」についてのチェックをしなくてはならない。「対象者の訴え（相談）」からスタートしたときは，「対象者からの相談」をしっかり受け止めながら，「本人の様子」と「事情」を併せてチェックしてい

く。「身柄保護」からスタートしたときは，保護に至った状況を
しっかり確認しながら，「本人の様子」と「本人の事情」を併せ
てチェックしていく。どこからスタートしても，自殺リスクアセスメントは，「本人の様子」の把握と「本人の事情」の把握の
間で往復運動を繰り返すなかで内容が深まっていく。

　当たり前のことをクドクド述べていると思われるかもしれないが，
「スタートしたところに立ち止まっていること」がとても多い。その
ために，折角始めたゲートキーパーの努力が自殺防止につながらな
いことがある。「本人の様子」の把握と「本人の事情」の把握の間で
の往復運動の重要性は強調してもし過ぎではない。

スタートしたところに立ち止まっていることがとても多いこと

●本人の気持ちを聞くだけで終始する（前節⑤　心理面のことだけを
　話し続ける　参照）

　"辛い，死にたい，生きている意味がない，……" と訴えられたとき，
ひたすら，本人の気持ちを聞く（傾聴する）だけに終始する対応がと
ても多い。例えば，"辛い" と訴えられたとき，"辛いのですね" と返す
ような対応である。返すときの表現や言葉遣いはいろいろでも，実質
は「オウム返し」だ。そんな対応を返されて，本人は，自分のことを，
小馬鹿にしたり批判したりせず，受け入れてくれたと感じる一方で，
自分のことを何も知らないのに何がわかるのかと疑念が湧く。そのあ
と，よくあるのは，訴えの内容をエスカレートさせることである。エ
スカレートしていくと，相談は混乱してしまう。自殺リスクのアセス

メントもできない。当然，自殺防止にも役立たない。

　「スタートしたところ＝心理面」に留まっていないで，本人がどんな事情を抱えているのか把握しようと努めて，少し事情がわかると，その人がどうしてそんなに"辛い"のか見えてくる。見えてくるとその人の気持ちに，気持ちだけを聞いているときよりも，より深く共感でき，同時に，自殺リスクアセスメントも少しできる。そんな展開があると，本人も「この人に辛さがわかってもらえたようだ」と（強く）思えて気持ちが楽になる。相手（ゲートキーパーや相談員など）への信頼が強まる（注．共同して問題に立ち向かえるようになる）。

● 本人の事情のことだけで終始する

　本人が失職したことを知って，生活の支援だけに終始する対応も多い。福祉事務所につなぐ，ハローワークにつなぐ，迅速に（ワンストップで）解決しようとするといった対応である。本人は，ありがたいと思う一方で，一時凌ぎにしかならない自分の辛さを本当には理解してくれていない，と不満が残る。そのあと，よくあるのは，要求がエスカレートすることだ。こちらは，どこかで断らざるを得なくなる。断られると，ますます要求がましくなる。

　「スタートしたところ＝生活の事情」に留まっていないで，本人が今，どんな気持ちでいるのか聞き出すと，本人の辛さ（惨めさ，不甲斐なさ，悔しさ）を感じ取れて，生活の事情だけを聞いているときよりも，より深く共感でき，同時に，自殺リスクアセスメントも少しできる。そのとき，本人も「この人は，自分を尊重してくれている，自分の悔しさがわかってもらえている」と感じ，少し気持ちが楽になる。そして，相手（ゲートキーパー，相談員など）に対して，不満を抱いたり要求がましくなることが減り，信頼が生まれる。共同して問題に立ち向かえるようになる。

自殺リスクアセスメントは，「本人の様子」の把握と「本人の事情」の把握との間の"往復運動"で深めていくのだが，把握する二つのこと，「本人の様子」も，「本人の事情」も，それぞれ内容が多岐にわたっていて膨大だ。どうしても"見落とし，早とちり，表面的な理解"が起きてしまう。これは良いことではない。"見落とし，早とちり，表面的な理解"を避けるための工夫が必要だ。"目配せしなくてはならない重要なことをあらかじめ網羅したチェックシート"が簡便だがとても役立つ。

自殺リスクアセスメントの往復運動は特別なものであること

● 常に進行中・常に未完

　事例を挙げてみよう。自傷行為を繰り返している人がいた。その人は，それまで，親子の間で葛藤を繰り返していることがわかり，自傷行為は根深い親子関係を背景にしたものとみられていた。ところが，ある日，その人が多額のカードローンを抱えていること，ローンのほとんどはゲームの課金だとわかった。その瞬間に，この人についての見立ても，支援の方針も大きく変わった（深まった）。見立てや支援方針がこのように一瞬で大きく変わることは，人を長く支援していると，しばしば経験する。

● 1回の「アセスメント会議」や「アセスメント面接」でアセスメントは"完了"しない

　自殺リスクアセスメントは常に進行中・常に未完であるから，1回の「アセスメント会議」や「アセスメント面接」でアセスメントが固まるということはありえない。

●対象者への「思い」

　自殺リスクアセスメントは，単なる人間観察ではない，記事や小説を書くためのものでもない。また，その人を批判したり，断罪するためのものでもない。自殺を防止したいという思いから，その人に関わっている間，その人が危なくないか目を凝らし続けることである。

II 「JAM自殺リスクアセスメントシート」のご紹介

　メンタルケア協議会では「JAM自殺リスクアセスメントシート」を用いている。このシートは，平成22年度に東京都から「東京都自殺相談ダイヤル」を受託した際に，電話線の向こう側にいる相談者（対象者）の自殺リスクアセスメントを的確に行うツールとして作成された。

　最初にシートを作成した後，「東京都自殺相談ダイヤル」だけでなく，精神科救急（精神科救急医療情報センター），さらに，対面相談が多い「未遂者支援」や「女性相談」などでも用いるようになった。さまざまな場面で用いた経験を取り入れて改良を重ね，多様な場面で役立つ自殺リスクアセスメントシートになってきた。現在はversion 8を用いている。

　「JAM自殺リスクアセスメントシート」は二つの特徴を持っている。一つは，目配せしなくてはならない重要なチェック項目をほぼ網羅していること。もう一つは，関連したチェック項目を7＋1のブロックに分け，それらをアセスメントの流れに沿って配置していることだ。

JAM自殺リスクアセスメントシートのブロック構成	
1	本人の様子
2	促進要因
3	本人の事情
4	たどっているプロセスと段階
5	本人の対応能力・周囲の支援力
6	自殺リスクの程度の見当
7	対応
＋1	気がかりなこと／リスク見落としの可能性

　「JAM自殺リスクアセスメントシート」はA4で1枚のシートである。その中に多数のチェック項目がぎゅうぎゅう詰めになっている。"チェックする"だけの項目はチェックするだけで簡単だが，"記載"が必要な項目はスペースが足りないことがある。その場合はシートの裏側やA4の白紙に記載するようにしている。

JAM自殺リスクアセスメントシート ver.8

		対応時間		時　分　〜　　時　分	No. ( )

本人の様子

<table>
<tr><td rowspan="2">A群</td><td>1</td><td>男・女</td><td>歳</td><td>職業等</td><td>現在地；自宅・
その他 ( )</td></tr>
<tr><td rowspan="1">B
P
S
A
S
（2の欄）</td></tr>
</table>

A群 BPSAS	1	男・女	歳	職業等	現在地；自宅・ その他 ( )
	2	追い詰められ感・視野狭窄（低・中・高）　　うろたえ・焦燥感（低・中・高） 衝動的　　抑うつ感（低・中・高）　　曖昧　　呆然　　奇妙さや不自然さ 疎通不良　　まとまりのなさ　　反応の鈍さ　　すぐに自殺企図しようとする その他，特異なこと（ ）			

B群 希死念慮	3	自殺に関する発言（出来るだけ本人の言葉で）		
	4	□即，実行するつもりでいる	□一部を既に実行した（ ）	
	5	自殺の手段	□考えていない	□考えている（ ） □致死的
	6	自殺の準備	□準備していない	□準備している（ ） □遺書あり
	7	他者を巻き 込む可能性		
促進	8	□飲酒（ ）　　□違法薬物（ ）　　□過量服薬；薬物名と量（ ）		

本人の事情

9	【自殺しなくてはならないと思っている事情】			
10	自殺で得られると思っていること（ ）			
11	自殺企図・ 自傷歴	□なし	□あり（時期・手段） □致死的	□一月以内　□企図頻回 □自傷エスカレート
		具体的な事実；		
12	精神疾患	□なし	□あり	統合失調症・うつ病・AL・薬物・摂食障害・発達障 害・その他（ ）
13	精神科通院歴	□なし	□あり	通院先（ ） 最終受診日（ ）　□通院中断
	精神科入院歴	□なし	□あり	入院先（ ） 時期・期間（ ）　□退院一月以内
14	身体疾患	□なし	□あり	病名　　　　　　　　　　　　　ADL（ ）
15	身近な人の死	□なし	□あり	続柄・時期　　　　　　　　　　□自死遺族

16	家庭事情	単身・同居者（ ）	家庭内葛藤（ ）
17	生活状況	□困窮・借金・失業	職場内葛藤（ ）
18	辿っているプロセス（悪循環・精神状態の揺らぎ・精神病性の症状・不明）		初期・中期・後期・BPSAS／類似エピソード

本人の対応能力・周囲の支援力		
19	本人の顕著な個性や傾向	□こだわり，固さ，変わりやすさ，など；（ ）
20	本人の課題対処能力・社会的スキル	□高い　□普通　□低い □著しく低い；（ ）
21	家族・知人の支援	□家族・知人（ ）　□同伴　□非同伴　□孤立
22	【支援の事情】家族・知人の支援を期待出来るか	

自殺のリスク		低　中　高　実行済み	
対応	□電話相談のみ		【対応内容，その対応をとった理由】
	□連絡・通報	□家族に連絡する	
		□救急要請する	
	個人情報提供	□警察に通報する	
	承諾　□あり	□その他（ ）	
	□なし	□連絡・通報できず	
	□紹介・仲介	□医療機関を紹介し受診を勧める	
		□医療機関へ仲介する	
		□関係機関を紹介し相談を勧める	
		□関係機関に仲介する	
		□119番（救急隊）への相談を勧める	
		□警察への相談を勧める	（気がかりなこと／リスク見落としの可能性）
	□その他	（ ）	
転帰			

Ⅲ 「JAM自殺リスクアセスメントシート」を用いた 自殺リスクアセスメントの進め方

1 自殺リスクアセスメントの行儀作法；自然な成り行きで 質問する

　ひょっとしてBPSASかもしれないと気づいたとして，あるいは，本人の事情が大変なことがわかったとき，対象者に，ズカズカと，家族のこと，仕事のこと，気持ちのことなど，立ち入ったことを尋ねることができるだろうか。そんなふうに尋ねたら対象者はどう感じるだろう。大抵の人が，"無遠慮だ，見下している，余計なお世話だ" と感じるだろう。対象者は，黙ってしまって何も答えないか，答えたとしても，ごく表面的なことしか答えない，本心を答えてくれることはないのではないか。そんなやりとりをもとに自殺リスクアセスメントすれば，見当違いなアセスメントになってしまう。

型にはまった自殺リスクアセスメント

　自殺リスクアセスメントは「希死念慮の有無を尋ね，自殺の計画の有無を尋ね，準備の有無を尋ねる」の3点をチェックすれば良いと思っている（教わっている）人がとても多い。

　しかし，対象者は，このように尋ねられたら，どのように感じるだろう。また，どんな答えをするだろう。中には，自分のことを心配し

てくれていると受け取る人もいるかもしれないが，多くの人は，機械的に自分のことをチェックしていると受け取るのではないか。

　こんな尋ね方をしてきた人に対して，心の内を打ち明ける気持ちにはならないのではないか。尋ねられたことに，短め，控えめ，表面的にしか回答しないのではないか。

どのように質問すれば良いか。"自然な流れで進める"ことが望ましい。最初，ゲートキーパーが声かけし，対象者が少しずつ心を開くのを待って，話の自然な流れの中で，聞きたいことを（少しずつ）聞き出す。

　例えば，話の流れで，"仕事を終えて帰ると疲れ果てて横になるだけ，風呂にも入らない，部屋がグチャグチャ"と対象者が述べたら，"一人暮らしなのですか"と聞ける。一人暮らしでないと答えたら"どなたとご一緒に暮らしておられるのですか"と聞ける。工夫すれば話の自然な流れで，話題を拡げ，アセスメントに役立つたくさんのことを聞き出せる。

　聞き出せたことと周囲から聴取したこととを重ねることで対象者のことを，より深く理解できる。

　対象者へのこちらの理解が進むと，それが対象者に自然に伝わって，対象者はさらに心を開いてくれる。すると，もっといろいろに聞き出せる。自殺リスクアセスメントと「対象者との関係づくり」とは不即不離だ。

　ただし，例外がある。それは，対象者との関係づくりが（対象者

の精神状態や複雑な事情など，何かの事情から）困難なときだ。そのときは，客観的に「本人の様子」を観察し，周囲から「本人の事情」を聴取してアセスメントするしかない。しかし，対象者の状態・事情が改善し，関係をつくることが可能になったら，関係づくりを進めながら，アセスメントする。関係づくりをしないで，客観的なことと周囲からの情報だけでアセスメントしていくと，微妙に見当違いのアセスメントになってしまいかねない。

　自殺リスクアセスメントは関係づくりと不即不離なので，それなりに時間がかかる。しかし関係づくりはより良い支援に直結するので，とても大切である。

"自殺リスクアセスメントシートの頭から質問していく"のは良くない

　自殺対策に携わっている専門職の中に，自殺リスクアセスメントをするのに，自殺リスクアセスメントシートの上から順に質問していく人がいる。そんなふうに質問されると，質問された人は，誰しも，ごく表面的なことしか答えない。その結果，見当違いのアセスメントになってしまう。

　こんなやり方でアセスメントする専門家は，多くは初心者である。初心者だけど「専門家」の役を担わなくてはならないとき，どうして良いかわからず，ついつい，アセスメントシートの頭から質問してしまう。初心者のうちは，どう対応して良いかわからなくなることが必ずある。そんなときにスーパーバイザーの助言を受けられるようになっていると安心だ。

2　自殺リスクアセスメントシートの用い方

　以下に，JAM自殺リスクアセスメントシートの用い方を解説する。

　前述したようにJAM自殺リスクアセスメントシートは，関連したチェック項目を7＋1のブロックに分け，それらをアセスメントの流れに沿って配置している。

（再掲）JAM自殺リスクアセスメントシートのブロック構成

1	本人の様子
2	促進要因
3	本人の事情
4	たどっているプロセスと段階
5	本人の対応能力・周囲の支援力
6	自殺リスクの程度の見当
7	対応
＋1	気がかりなこと／リスク見落としの可能性

1. 本人の様子と3. 本人の事情

　繰り返し述べたように，自殺リスクアセスメントは，「本人の様子」と「本人の事情」との間の往復運動が中心部分だ。最初，「本人の様子」からスタートすることもあれば，「本人の事情」からスタートすることもある。

● 「本人の様子」のＡ群とＢ群

　このうち，「1. 本人の様子」は，二つのサブグループ，即ち，Ａ群とＢ群に分けてチェックするようになっている。

　Ａ群はBPSASをチェックする欄である。“よく見られるBPSAS”が並べてある。

　並べてあるようなことがないかチェックする。明らかにBPSASと判断される場合は〇で囲み，“疑い”の場合は△で囲むようにするのが良いかもしれない。明らかにBPSASと判断されることがあれば，即ち，自殺リスクは高いと判断される。

　Ｂ群は“希死念慮の訴え”がある場合にチェックする。

　対象者が訴えている「自殺に関する発言」をできるだけ“本人の言葉”をそのままに記入する。“本人の言葉”を別の言葉に置き換えると，その途端にたくさんの意味が失われる。例えば，“消えて無くなりたい”，“飛び降りたい”，“死んだ方がマシだ”，“死んでやる”は意味が違う。これらを“希死念慮の訴え有り”と一括りにするのは適切でない。

　「自殺に関する発言」があったとき，「自殺の方法を考えている，計画している」のか聞いてみるようにする。「計画している」と述べたときは，「準備している」かどうか聞いてみる。準備していると述べたときは，いつ準備したのか聞いてみる。例えば，“去年から準備している”と“今朝準備した”では意味が異なる。さらに「計画している」と述べたときは，誰かを巻き込んで自殺する（“子どもと一緒に死ぬ”など）ことを仄めかしていることがあれば，重大なことなので記録する。

しかし，第1章で述べたように，対象者が「自殺に関する発言（希死念慮）」をしているから「自殺リスクあり」とは限らない。また，「自殺に関する発言」をしていないから「自殺リスクなし」ではない。「自殺に関する発言」だけで自殺リスクの有無は判定できない。

（再掲）「希死念慮の訴え」＝「自殺リスクあり」とは限らない

a)「希死念慮を抱くこと」はとても多い（"成人の2割がこれまでに本気に死にたいと思ったことがある"など）。しかし，「希死念慮を抱いた」ほとんどの人は自殺企図していない。

b) 人は，周囲の人に最大限の訴えをするとき，しばしば「死にます，死にたい」と言う。

b) 既遂事例を調査してみると，直前に「希死念慮の訴え」があった例は少なく，「希死念慮の訴え」が見られなかった例が多い。

　この三つのことから，「希死念慮の訴え」は自殺リスクをアセスメントする際の指標としては鈍すぎる。
　ただし，「希死念慮の訴え」は，その人の最大限の訴えであるから，その訴えをどのように受け止めたら良いか考えて対応しなくてはならない。

　もし「自殺に関する発言（希死念慮）」があったとき，次にどうするか。改めてA群に戻り，BPSASの有無をチェックする。「自殺に関する発言（希死念慮）」を聞いたあとは観察眼が鋭くなっていて，最初には気づかなかったBPSASの有無に気づくかもしれない。

「希死念慮，計画，準備」の３点セットの質問に
こだわらなくてはならない理由

●３点セットのチェックは訴訟対策として必要

　「患者さんが外来受診のあとに自殺した」「入院中に患者さんが自殺した」「カウンセリングの直後に自殺した」など，不幸な出来事があったあと，医療機関などが「自殺リスクがあったのに適切な対応をしていなかった」として訴追されることがある。裁判では，「希死念慮，計画，準備」の３点セットを医療機関などがチェックしていたか，その上で必要な自殺防止の対策を打っていたかどうかが争われる。何故「希死念慮，計画，準備」の３点セットなのかというと，精神神経学会，救急医学会などの機関が発刊している「自殺防止マニュアル」で"自殺リスクは３点をチェックして行う"と記されているからだ。

　「自殺防止マニュアル」は，自殺の実態からズレていても，裁判の場面では"絶対的な基準"だ。そうなっている以上，訴訟対策の必要から，「希死念慮，計画，準備」の３点セットをチェックし，チェックしたことをカルテに記載していなくてはならない。

●英国に滞在していて強制入院になった20代の女性

　私が診療していた20代の女性が，語学研修に英国に行き，寮に滞在していて，あるとき寮監にリストカットを見とがめられた。寮監は，すぐに３点セットの質問をしてきた。「死にたい，過量服薬で死にたい，薬は持っている」と答えたら，すぐに強制入院になった。同じようなケースを他にも４件ほど経験している。

　彼女が日本にいるとき，リストカットを繰り返していた。そして，「死にたい，ODして死ぬ，薬はためている」と訴えるのはほとんど彼

女の口癖であった。彼女は医療機関を転々としていたが，どの医療機関でも，彼女を，一度も強制入院させていない。しかし，英国では強制入院させられかねない。

　彼女と他の4件のケース，どのケースも，"大変な体験"をしたあと，英国滞在中，「死にたい，……」と口にしていない。

　英国では，何かある（リストカット，暗い表情をしている，死にたいと漏らす，など）と，「希死念慮，計画，準備」の3点セットをチェックし，三つともYesだと，強制入院も考える，そういう"社会の仕切り"になっている。おそらく英国の対応が"グローバルスタンダード"であり，日本も徐々に英国のようになっていくのだろう。

●「本人の事情」

　「本人の事情」は，人によって実にさまざまである。さまざまなことのなかで，自殺リスクとの関連でチェックしておいた方が良いことを，シートの「3. 本人の事情」の欄に項目立てしてある。

　「本人の事情」をチェックしていて，本人が大変深刻な事情を抱えていることがわかったとき，改めて，「本人の様子」のA群を見直すと，今まで気づかなかったことに気づくことが，しばしばある。事情を知ったことで観察眼が鋭くなったのだ。もしA群を見直してBPSASが相当に顕著であると気づいたら今度は，「本人の事情」が相当ただならないと気づかされることがしばしばである。そうやって「本人の様子」と「本人の事情」の往復運動をするなかで，対象者のことがより深く見えてきて，自殺リスクの程度を，いっそう的確に見当づけられる。

2. 促進要因

「1. 本人の様子」と「3. 本人の事情」との往復運動で，自殺リスクの程度の見当がついてきたところで，すぐに，必ず，「2. 促進要因」の有無をチェックする（促進要因は「1. 本人の様子」「3. 本人の事情」の両方に跨る内容なので"2"に配置してある）。

JAM 自殺リスクアセスメントシートでは，「促進要因」としてチェックする項目を三つに絞り込んでいる。「現在地」「飲酒・違法薬物・過量服薬」「自殺企図歴・自傷歴」である。

促進要因が働いているとわかったら，そのことを必ず「計算に」入れなくてはならない。そして，もし，促進要因で，すぐに取り除けるものがあれば，取り除くように説得する。例えば，「電話相談」で対応していて，この相談者は自殺リスクが高いと判断され，その人が"ビルの屋上にいる"とわかったら，「ひとまず，その場から離れてください。そうしないと落ち着いてお話しできないから」と説得する，などである。

4. たどっているプロセスと段階

「促進要因」のチェックをしたあと，次に「4. たどっているプロセスと段階」を判断する。

これまで行ってきた「本人の様子」と「本人の事情」の往復運動と，「促進要因」のチェックで，対象者が，どのプロセス（悪循環・発展，精神状態の揺らぎ，精神病性の症状）をたどっているのか，ほぼほぼ判断できる。判断に迷ったときは不明とする。不明とする

ことも意味のある判断である。

　さらに，たどっているプロセスが「悪循環・発展」の場合は，初期か，中期か，後期か，既にBPSASに陥っているか，判断する。「精神状態の揺らぎ」や「精神病性の症状」の場合は，段階をチェックすることはあまり意味が無いが，その代わりに，過去に類似エピソードがなかったかを（本人や関係者から）チェックする。もし，現在起きていることが過去と同じパターン（あるいは，同一病態）だとわかると，今後の見通しがつきやすくなる。

　ここまでチェックしてくると，対象者の自殺リスクの内容（全体像）をかなり把握できたと感じられるだろう。同時に「謎の部分」がいろいろあることを感じるだろう。

　「謎の部分」のための記載欄は設けていない。記録に残したいときはシートの裏面を使う。

5. 本人の対応能力・周囲の支援力

　自殺リスクの内容（全体像）を把握したところで，次に「本人の対応能力・周囲の支援力」をチェックする。

● 本人の対応能力
　本人の対応能力について二つのことをチェックする。

　　①本人の顕著な個性や傾向（こだわりやすさや，固さ，変わりやすさ）
　　②課題対処能力・社会的スキル

この二つは本人を，しばしば，強力に追い詰めてしまう。しかも，それを修正することが難しい。この二つは対象者への対応・支援の内容を考える上で特別に重要である。

●周囲の支援力
　"支援者がいるかどうか"のチェック
　（それは誰か，今同伴しているかいないか，支援者なく孤立しているのか）
　"支援の事情"のチェック
　（家族・知人などの支援者がいたとしても，その人たちから，どれほどの支援を期待できるのか）

6. 自殺リスクの程度

　「自殺リスクの内容（全体像）」と「本人の対応能力・周囲の支援力」とを勘案して，「現在の自殺リスクの程度」を判定する。「自殺リスクの程度」は，ざっくり，「低，中，高，実行済み」の4択である。4択から一つを選ぶことは，簡単なようで，意外に難しい。たった4択でも，重大な見立てである。見間違ったら大変だ。真剣に考えるように促される。そして，4択のどれかを選ぶことに対して腹を括ることだ。腹を括ることによって迅速に行動に移れる。腹を括らないと，グズグズしてしまい，行動に移れず，タイミングを失する。自殺リスクを4択で判断するのは自殺防止の実践的な（プラグマティックな）ノウハウだ。

自殺リスク「低，中，高，実行済み」とは

● 実行済み

　自殺リスク「実行済み」は，対象者が，既に過量服薬している，自傷行為をしていた，自殺企図をしたが失敗した，とわかったときである。救急対応が必要かどうかを，再企図防止のための対応をしなくてはならないかどうかを判断しなくてはならない。

● 自殺リスク「高」

　自殺リスク「高」は，BPSASに陥っている，あるいは，次の瞬間に陥りかねないと判断されたときだ。

● 自殺リスク「中・低」

　自殺リスク「中・低」は，BPSASに陥ってはいないが，このままでは遠からずBPSASに陥りかねないと判断されたときである。

　このうち，"数日のうちにもBPSASに陥りかねない危うさがある"と判断されたときは「中」とする。

　"数日ということではないが，運の悪さ・ダメ押しの出来事があったらBPSASに陥りかねない危うさがある"と判断された場合は「低」とする。

　「中」と判断したときは，こちらの警戒感が高まる。「低」と判断したときとは違う。「中」とするか「低」とするかは自殺防止の現場で一番頭を痛める判断だ。

7. 対応

　自殺リスクの程度を，4択のどれかと判定したら，すぐに，どのような対応をとるべきか考えて実行していかなくてはならない。

JAM自殺リスクアセスメントシートの【対応】欄は，（もともと東京都の自殺相談ダイヤルでの使用を考えて作成したため）もっぱら「自治体の電話相談窓口」で相談員がどのような対応をとれるか考え，実行していくのを手助けする内容になっている。

　自殺リスクの程度から，電話相談窓口での「相談対応」だけでは不十分だと判断されたときは，「しかるべき支援につなぐ」。公的な電話相談窓口では，つなぎ先としては，「家族」以外は，原則，「救急」「医療機関」「関係機関」「警察」などの公的な支援機関に限られる（稀に民間団体をつなぎ先に選ぶときもある。そのため「その他」も選択肢に入れてある）。

　もし，「緊急に保護する必要がある」ときや，「自傷他害の恐れがある」ときは，対象者の納得が得られなくても，保健所などに「連絡」する，あるいは，警察に「通報」する。そこまでする必要はないときは，対象者に最も役立つ支援機関を選んだ上で，対象者，あるいは，対象者の側にいる人に，その支援機関のことを説明し，利用を勧め，納得を得られたら，「紹介（機関名などの情報提供）」か「仲介」する。しかし，「紹介（機関名などの情報提供）」で支援機関につなぐのは，意外に成功しない。というのも，対象者や対象者の側にいる人が，利用をためらう（怖気づいて連絡を取るのをためらうことが多い）からだ。確実に支援機関につないだ方が良い場合は，「仲介」型のつなぎをする。具体的には，対象者や対象者の側にいる人の了承を得た上で，つなぎ先に連絡して「○○さんが相談に行きますのでよろしく」と伝え，予約日・予約時間を決め，担当者の名前を教えてもらう，などである。

　「連絡，通報，紹介，仲介」したときは【対応内容，その対応をとった理由】の欄に簡単に記録を残す。記録を残しておくことが，

その人を，次に支援をしなくてはならないときに役立つ。また，他の人を支援につなぐ際にも，参考になる。

　自治体などの電話相談窓口で行う対応は以上のようだが，このような対応を（さまざまな立場の）ゲートキーパー，例えば，友人Cさん，同僚，家族，“通りがかりの人”に行ってもらうことは難しいかもしれない（難しいことが多い）。

　対象者の自殺リスクの程度に応じて，さまざまな立場のゲートキーパーにどんなことができるか，何とかして対象者の自殺を防止するにはどのような対応をとれば良いか，自殺防止の具体的な方策については次の節で詳しく述べる。

8. 気がかりなこと／リスク見落としの可能性

　以上の流れで以て対象者の「現状の自殺リスクアセスメント」は終えられる。しかし，終えたあとに，ケースによっては，漠然とした「気がかり」，あるいは，ひょっとして自殺リスクの「見落としがあるのではといった不安」が残ることが少なくない。

　多数のケースに取り組んできて，こうした「気がかり」な感じや，「リスク見落としの不安」がとても重要なことだったと，後になって気づくことがたびたびあった。「失敗」の経験からたくさんのことを学ぶことができる。それがわかったので，「気がかり」な感じ，自殺リスク見落としの可能性を疑ったときは，必ず「＋1；気がかりなこと／リスク見落としの可能性」の欄に簡単な記載を残しておくようにしている（自殺リスクの見落としの可能性をPOORと呼んでいる。Possibilities of overlooking risks の略である）。

転帰

　JAM自殺リスクアセスメントシートの一番下に「転帰」の欄がある。この欄は，自殺リスクアセスメントをしたあと，しばらくして，アセスメントしたケースの転帰を知ったとき，記入する欄である。

　「自殺相談ダイヤル」で，「転帰」に記入するのは，あっても年間1〜2件であるが，それによって教えられることがとても多い。転帰がわかったら必ず記載するようにしている。

　以上，自殺リスクをアセスメントするにはどうすれば良いかについて，JAM自殺リスクアセスメントシートを用いた方法について述べた。説明が長かったので，"自殺リスクアセスメントは大変だ"と思われたかもしれない。そう思われた人のために，少し言い訳を述べておきたい。

　自殺リスクのアセスメントは車の運転に似ている。車の運転を文章で解説するときっと長々とした文章になるだろう。一見，"大変難しいこと"のように見えるかもしれない。しかし，車の運転は，2,3カ月習熟すれば，難しいことではなくなる。自殺リスクのアセスメントも，実際に経験を重ねれば，2,3年習熟すれば，そんなに難しいことではなくなる。さらに，自殺リスクをアセスメントするときは，大抵，相談できる人がいる。相談することで，メキメキと習熟できる。大丈夫です！

第4節

ゲートキーパーとしての動き方，
支援機関の利用の仕方

　対象者の自殺リスクアセスメント，即ち，対象者に自殺リスクがあるか，自殺リスクがあるとして，その程度は，低，中，高，実行済み，のどれか，どのような背景事情から，どのようなプロセスをたどって自殺リスクが生じているのかを（おおよそ）摑んだら，次は，対象者の自殺を防止するにはどうしたら良いか考え，考えたことを実行していくことになる。

I　対策の重点項目

　自殺防止のために実行していくことの内容は，一人ひとりで違う。一人ひとりで自殺リスクの中身（登場人物や場面）が違うからだ。しかし，実行していかなくてはならないことの「おおよその中身（対策の重点項目）」は，自殺リスクの程度（低，中，高，実行済み）に応じてどの人も同じである。

　例えば，自殺リスク「高」の人の場合は，どの人についても，まず，BPSASから自殺企図に踏み出しやすくする「促進要因」がないかチェックし，あれば排除する。同時に，見守り・保護を確実に行う。そうしながら，気持ちを受け止めてBPSASをほぐす，時間稼ぎ

してBPSASをやり過ごす，さらにBPSASに至ったプロセスの違い
に応じた支援を組み立てる，といったこと（それぞれが対策の重点
項目）が必要だ。

　下の囲みに自殺リスクの程度に応じた「対策の重点項目」をまと
めてある。

自殺リスクの程度に応じた対策の重点項目

〈自殺リスク「高」＝BPSASに陥っているとき〉

①気持ちを受け止めながら……

②BPSASから自殺企図に踏み出しやすくする「促進要因」への対策を
　打つ

●促進要因から遠ざける；自傷・自殺企図歴，アルコール・薬物の
　影響，心身の状態など，踏み出しやすくする場面，などから遠ざ
　ける

③確実に見守り・保護する（困難なら応援依頼。警察依頼も）

④BPSASを"やり過ごす"，BPSASを"ほぐす"努力をする

●寄り添い，干渉し，時間稼ぎして"やり過ごさせる"

●頻回にさりげない声かけをして"ほぐす"

⑤プロセスの違いに応じた支援を組み立てて，実行する

〈自殺リスク「低，中」＝BPSASに陥りかねないとき〉

①気持ちを受け止めながら……

②プロセスの違いに応じた支援を組み立て実行する

③自殺リスクを見落としている可能性（POOR）を考えた対策も打つ

●本人を孤立させない

●"さりげない声かけ"に労を惜しまない

> 声かけは一石五鳥！
> 見守り，受け止め，BPSASをほぐす，孤独にしない，自殺リスクの再評価にもなる

　「対策の重点項目」の中に「プロセスの違いに応じた支援」と記してある。それがどういうことかについては本書の第Ⅰ部で述べてあるが，ここでも簡単に記しておく。

BPSASに至るプロセスの違いに応じた支援

●悪循環・発展
  • 受け止め，事情を聞き，一緒に考え，"小さな希望"を灯すことでBPSASをほぐす
  • その後に本格的に心理的（精神科的）支援と生活支援を行う

●精神状態の揺らぎ
  • 気持ちを受け止め続けることで興奮を鎮める
  • 興奮を鎮められないなら，鎮静のために精神科受診も考える

●精神病性の症状
  • 気持ちを受け止めBPSASをほぐす努力しながら，確実に精神科受診につなぐ

II　ゲートキーパーから始まる自殺防止の活動
5つのスタイル

　前段で述べたように，自殺リスクの程度（低，中，高，実行済み）に応じて実行していかなくてはならない重点項目がある。しかし，それらを実行するのはなかなか大変だ。たまたまゲートキーパーとなった人ができることには大きな限界あるだろう。「温かい思い」の持ち主であっても，そんなに時間的余裕はないだろうし，社会的立場，社会的な経験，体力や気力は人さまざまだ。さらに，それに加えて，「自殺防止の活動」は，一瞬の活動ではなく，かなりな日数がかかることが多い。その間，右往左往，行ったり来たり，ギクシャクしたりする。波乱が起きることも稀ではない。

　「自殺防止の活動」は，"ひょっとして自殺リスクがあるのでは"と気づいた人が，ゲートキーパーとなって「声かけ」することから始まるが，ゲートキーパーだけでは担いきれないことは明らかだ。ゲートキーパーでは担いきれないところを周囲の者，支援組織，行政が補完することで形になる。

　私はこれまでたくさんの自殺防止の活動を見てきた。私自身が行ってもきた。その経験から，ゲートキーパーから始まる自殺防止の活動には5つのスタイルがあると考えている。

　以下に，それぞれのスタイルの特徴，長所と短所，改善点や課題について，述べてみたい。わかりやすく述べるために，模擬事例を使って述べる。

　模擬事例は「事例B」である。ゲートキーパーはAさんである。A

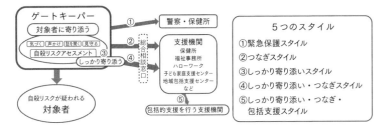

図3-1　ゲートキーパーから始まる自殺防止の活動　5つのスタイル

さんは，最初，わずかな情報しか持っていなかった。

事例B

　Aさんは，隣人のBさんと顔を合わせたとき，Bさんの様子がいつもと違うのに気づいた。

　Bさんの様子がいつもと違うのに気づいたAさんはBさんに声をかけた。その瞬間にAさんはゲートキーパーの役を買って出たのだ。

　Aさんが声かけしたところ，Bさんの様子は以下のようだった。

事例B-1

　Aさんが顔を合わせた隣人Bさんの様子がいつもと違うのに気づいた。

　そこでAさんはBさんに声をかけた。Aさんの声かけに，Bさんは，こちらをぼんやり見るだけで，何も答えない。Bさんの反応は

特異なものだった。

　このあとＡさんはどのように動くだろう。

1　緊急保護スタイル

　Ａさんは，Ｂさんの特異な反応を見て，ただならない状態ではないかと気づいた（Ａさんがゲートキーパー研修を受けて勉強していたら，"ＢさんはBPSASに陥っているのではないか"と疑っただろう）。気づいたＡさんは，さらに注意深くＢさんの様子を見るだろう。やはり，ただならない状態だと判断したら，そのあとＡさんはどう動くだろうか。

　Ａさんに限らず，このようなとき，大抵の人が，**緊急に保護することを目標にした動きをするだろう**。「緊急保護スタイル」の動きだ。具体的には，いくつかの選択肢がある。

　　ⅰ．Ａさん一人で
　　Ａさん一人で声かけし，Ｂさんと話をするよう努める。話をすることができて，その結果，ＢさんのBPSASをほぐし，うまく保護することができるかもしれない。
　　ⅱ．応援を頼む
　　一人ではＢさんを保護できそうにないと判断するかもしれない。そう判断したときは，Ａさんは応援を呼ぼうと思うだろう。例えば，他の（ＡさんともＢさんとも親しい）隣人に頼むとか，

もしBさんのご両親やご兄弟の住所を知っていたら，その人たちに連絡するなどである。

ⅲ．警察に頼む

　そんなことをするうちにも，Bさんの様子が，相当ただならなくて，自殺企図におよびかねないようだったら（例えば，マンションの階段から飛び降りかねない，など），Aさんはためらわずに110番して，警察に保護を求めるだろう。

ⅳ．保健所に連絡する

　Bさんの様子がただならないが，話の途中で，Bさんが黙って自宅に戻っていった。このまま放置できない。どうするか。警察を呼ぶのはためらわれる。そんなときは保健所に連絡するかもしれない。

　「応援を頼む」のは，なかなか難しい。例えば，大都市のマンションでは応援してもらうために「（普段ほとんど交流のない）隣人に声をかける」のは遠慮される。マンションの隣人に応援に来てもらっても，Bさんが，それにどんな反応を示すか，頑なになる～ますます興奮するかもしれない。予測がつかない。また，Bさんのご両親，あるいは，ご兄弟に連絡したとして，ご両親やご兄弟からどんな反応が返ってくるか。「私たちは関知しません」と拒否されるかもしれない。駆け付けてきてもらえたとして，Bさんがどんな反応をするだろうか。そのため，「一人で」対応できそうにないときは，（特に大都市では）「警察に頼む」ことが多いのではないか。

　では，Aさんが警察に連絡してBさんの保護を求めたとして，その場合，警察はどのような対応をとるのだろう。想定されることを述べてみたい。

①警察に保護を求めた場合

　Ａさんが警察に110番したとして，警察が動いてくれるとは限らない。警察はＡさんの通報内容から，動くべきかどうかを判断する。判断の基準は「警察官職務執行法第三条」だ。

警察官職務執行法第三条による保護

　警察官職務執行法第三条によると，警察官は「（警察官が）合理的に判断して保護することが必要な者」を発見したときは，取りあえず警察署，病院，救護施設等の適当な場所において，これを保護しなくてはならない」とある。

　警察官が保護する必要のあるのは，次の二つに該当する者である。

警察官職務執行法

第三条　警察官は，異常な挙動その他周囲の事情から合理的に判断して次の各号のいずれかに該当することが明らかであり，かつ，応急の救護を要すると信ずるに足りる相当な理由のある者を発見したときは，取りあえず警察署，病院，救護施設等の適当な場所において，これを保護しなければならない。
　一．精神錯乱又は泥酔のため，自己又は他人の生命，身体又は財産に危害を及ぼすおそれのある者
　二．迷い子，病人，負傷者等で適当な保護者を伴わず，応急の救護を要すると認められる者（本人がこれを拒んだ場合を除く。）

Aさんの通報内容から，Bさんが「一」に該当する可能性があると判断されたら，警察は動くだろう。警察が動いて，現場にやってきて，Bさんを見て〜話して，確かに「一」に該当すると判断したら，警察はBさんを「保護」する。しかし，Bさんと話して「一」に該当しないと判断したら，（多少の説諭をした上で），引き上げるだろう。

　警察がBさんを「保護」する場合は，大抵は，警察署に連れて行く。警察署では，警察官が，見守り，声をかけ，話を聞き，宥める，暴れているときは抑制する，兎にも角にも，安全第一に保護する。警察官は，全員ではないが，ゲートキーパー研修を受けている。安全第一に保護するために，ゲートキーパー研修が役立っているのではないか。

　ところで警察官による「保護」は一時的である。保護した場合，警察官は，できるだけすみやかに，原則，24時間以内に，「家族などに引き取ってもらうか，公の機関に引き継がなくてはならない」と定められている。

（第三条の続き）
　2．前項の措置をとつた場合においては，警察官は，できるだけすみやかに，**その者の家族，知人その他の関係者にこれを通知し，その者の引取方**について必要な手配をしなければならない。
　　責任ある家族，知人等が見つからないときは，すみやかにその事件を適当な公衆保健若しくは公共福祉のための機関又はこの種の者の処置について法令により責任を負う他の公の機関に，その事件を引き継がなければならない。

> 3. 第一項の規定による警察の保護は，二十四時間をこえてはならない。

　条文から読み取れるように，警察官は，保護した者を，まずは，その者と“私的に”関係がある者に引き取ってもらうようにする。警察官は，その調査能力で，家族，知人その他の関係者を，実に迅速に見つけ出し，通知する。警察から通知され，引き取りを依頼されると，大抵の人が引き取りを承諾するが，最近は引き取りを拒否する例が増えているのではないだろうか。

　家族が引き取ったことをきっかけに，それまで対立していた家族の関係が修復して，そのあとに良い展開が起きる例が少なくない。しかし，中には，家族が引き取って，対象者と家族が警察署を出た直後に言い争いが始まり，家族が引き取らず，対象者が孤立した状態になり，再び，追い詰められてしまう例がある。**警察が警察官職務執行法で保護した者を家族に引き取ってもらったあとの「その後のフォロー」が自殺防止の上では“穴”になっている。しかるべき支援機関がフォローする仕組みが求められているのではないか。**

　条文に「**責任ある家族，知人等が見つからないとき**」とある。これは，家族，知人等の“私的”関係者が（引き取りを拒否するなどの理由で）責任が持てそうにないと警察官が判断したときであろう。このようなときは，「その事件を適当な公衆保健もしくは公共福祉のための機関又はこの種の者の処置について法令により責任を負う他の公の機関に引き継ぐ」となっている。しかし，“法令により責任を負う他の公的機関”が（さまざまな理由を述べて）引き継ぎを断ることが増えているのでははないだろうか。例えば，精神科病院が，

満床やコロナ感染者がいることなどを理由に引き継ぎを断るなどである。引き継ぎ先が見つからないと警察はとても困る。原則24時間を超えて「保護」できないからだ。

警察官通報（23条通報）

　条文の「適当な公衆保健もしくは公共福祉のための機関又はこの種の者の処置について法令により責任を負う他の公の機関に引き継ぐ」方法の一つとして「**警察官通報（23条通報）**」による対応がある。

　精神保健福祉法の第23条で「警察官は，職務を執行するに当たり，異常な挙動その他周囲の事情から判断して，精神障害のために自身を傷つけ又は他人に害を及ぼすおそれがあると認められる者を発見したときは，ただちに，その旨を，最寄りの保健所長を経て都道府県知事に通報しなければならない」と定められている。警察官通報，通称，"23条通報"である。

　事例のBさんについて「**精神障害のために自殺リスクがあるのではと警察官が認めた**」場合は警察官通報の対象になる。この"精神障害のために"というのは，"精神科医の判断"，"精神医学的な判断"ではない，あくまでも警察官がそのように判断した場合である。具体的には，「精神病性の症状」でBPSASに陥っているケースだけでなく，「悪循環・発展」や「精神状態のゆらぎ」で興奮が著しいケースも警察官は23条通報している。

　ところが，近年，警察官通報しても，通報が受理されない（措置診察を行わない）例が増えている。他害行為があって通報されたケースは受理されやすいが，自殺企図で通報されたケースは受理されにくい。

警察官通報が受理されなかった場合の警察の選択肢

　警察官通報が受理されなかったということは，「“診察するまでもなく”精神疾患による自傷他害のおそれはない」と判定されたのだから，このあと警察官としては二つの選択肢しかなくなる。

　　　（ア）他害行為が刑事訴追のレベルであれば，逮捕する
　　　（イ）他害行為が刑事訴追するレベルでない場合や自傷行為の
　　　　　　場合は，放免ないし家族に引き取ってもらう

　このうち（ア）の場合は難しくはないが，（イ）の場合は難しい。放免，あるいは，家族に引き取ってもらうとして，そのあとのことが懸念が大きい事例が少なくないからだ。

　懸念が大きいときは，警察官は精神科医療機関に連絡して診察を依頼している。しかし，当日当夜に診察を引き受ける精神科医療機関は簡単には見つからない。見つからないと，どんなに懸念が大きくても，放免するか，家族に引き取ってもらうしかない。こんなときに警察官が対応を依頼できる（自殺防止のための）支援機関が必要だ。

注4　東京都の場合，警察官には二つの選択肢がある

①**夜間休日は「東京都精神科救急医療情報センター」**で精神科救急ケースとして対応してもらえるかもしれない。令和3年度では，警察官通報を受理されなかった（措置診察されなかったケース）が，精神科救急ケースとして診察され，182件が救急入院となってい

る（精神症状に加えて自傷・自殺企図があったケースが多い）。
②日中は「東京都こころといのちのサポートネット」（正式名称；東京都自殺未遂者対応地域連携支援事業）に対応を依頼することができる。これは，平成26年7月10日から，自殺ハイリスク者・未遂者支援を目的に発足した東京都の事業である。警察だけでなく，救急病院，保健所などの機関が対応しているケースで，自殺防止・再企図防止の支援が必要なケースを引き受け，精神科病院などにつなげる〜直接に支援する，ことをしている（詳細は後述）。令和3年度，警察からの依頼ケースは93件あった。

　以上，（ただならない状態であったために）警察に連絡して保護してもらった場合，その後どのような展開になるかについて述べた。

　ここで，事例に戻ろう。
　「Bさんの様子が，相当ただならないが，話の途中で，Bさんが黙って自宅に戻ってしまった」といった展開も有り得る。こんな展開になったとき，どうするか？　警察を呼ぶのはためらわれる。AさんがBさんの自宅に押しかけるのもためらわれる。このようなときには保健所に相談する人が多いのではないか。保健所に相談したとして，保健所はどのような対応をするだろう。

②保健所に相談した場合

　保健所は，警察のような，強制力を用いてでも確実に保護する権限は持っていない。しかし，**保健所は，精神保健福祉法などいくつかの法規に基づいて，保健師や精神保健福祉相談員による「相談指導」と「訪問指導」を行える**。これらは"対象者と契約関係が結べていなくても"行えることで，かなり強力なツールである。

　法律的な側面から保健所の機能について，少し詳しく述べてみたい。
　保健所が行う事業の大枠は地域保健法でもって定められている。

地域保健法

　保健所が行う事業の内容は地域保健法の第3章に「14事項」規定されている。ただし，規定の仕方は「三　栄養の改善及び食品衛生に関する事項」「十　精神保健に関する事項」といった抽象的表現に留められている。

　抽象的な表現を踏まえながら，具体的に事業をどのように企画・実施するかは，保健所によって違いがある。この違いは，①保健所が立地している地域の事情，②保健所内の実情（例えば，人員配置などが影響しているようだ）。さらに③都道府県の政策によっても違いが出てくる。府県によっては，福祉事務所などと統合されて運営されている（保健福祉事務所，健康福祉センターなどと呼称）。

保健所が行う自殺対策

　地域保健法第3章の「14事項」の中には"自殺対策"の文言はない。一体，どのような根拠で自殺対策を行っているかというと，「14事項」を援用する形で行っている。

　例えば，自殺防止活動（ゲートキーパー養成研修）は「一　地域保健に関する思想の普及及び向上に関する事項」に含まれる。また，自殺ハイリスク者や自殺未遂者に対する個別的な支援は，「十　精神保健に関する事項」「八　母性及び乳幼児並びに老人の保健に関する事項」に含まれる。

　特に対象者が，何らかの精神疾患を持っていたり，母子保健の問題を抱えている場合は，精神保健福祉法や母子保健法の中に保健所の役割が明確に規定されているので，それと地域保健法と組み合わせることで，保健所として取り組みやすい。**保健師や精神保健福祉相談員による「相談指導」と「訪問指導」**も，これらの法律を根拠にしている。

保健師や精神保健福祉相談員による「相談指導」と「訪問指導」

　事例に戻ろう。ゲートキーパーとなったAさんが保健所に相談したら，保健所はどんな対応をするだろう。相談があったからといって保健所がすぐに動いてくれるかどうかわからない。保健所によって随分違うだろう（コロナ流行下ではどこの保健所も迅速な対応ができなくなった）。

　保健所はAさんに，「Bさんに，保健所に相談に来るように，勧めてください」と言うかもしれない。そう言われて，たぶんAさんは「私が説得するのは難しい，何とか保健所からBさんを訪問してもらえないか」とお願いするのではないか。保健所は，Aさんから訪問

を希望されても，すぐには動かないだろう。何故か。訪問にはリスクが伴うからだ。

　保健所など公的機関の保健師は“行政保健師”と呼ばれている。“行政保健師”が訪問して暴力被害を受けた事案が少なくない。保健師の「訪問指導」にはリスク対策が欠かせない。事前に情報収集し，想定されるリスクを計算し，どの時間帯に，保健師の誰と誰が行くか（最初の訪問は必ず複数で行く），訪問したとき，最初どのようにアプローチするか，万全の計画を立てた上で訪問を行うだろう。

保健師の「相談支援」，保健師の「訪問指導」への抵抗感，抵抗感を弱める工夫

　「保健師に相談すること」に抵抗感を持っている人は少なくない。「保健師の訪問を受ける」ことへの抵抗感は「保健師に相談する」ことよりも何倍も大きい。

　事例で考えてみよう。もしＡさんが保健所に相談や訪問をお願いする際に，あらかじめＢさんに「保健所に相談してみよう」「良かったら自分も同席する」と説得できたら，Ｂさんの保健師相談・訪問への抵抗感は少し薄れるだろう。さらにそのあと，Ａさんが保健所に，Ｂさんを説得してみてこんな感触だった，と伝えたら，その情報で保健所は動きやすくなるだろう。事前の調整（“お膳立て”）は保健師の「相談指導」「訪問指導」をしやすくする。ただし，事前に説得したことで，抵抗感を強めてしまうこともある。事前の調整は，相当に慎重でなくてはならない。

「紹介」「仲介」「同行」など事前の調整（"お膳立て"）の仕方はさまざまである

　AさんがBさんに，「こんなときは保健所に相談するのが良い」「保健所は〇〇町にある」と伝えるのは「紹介」である。

　AさんがBさんを説得して納得してもらい，同時に，Aさんが保健所に連絡して，Bさんが相談に行きますから，よろしくお願いしますと伝えるのは「仲介」である。

　Aさんが，相談するのが苦手なBさんのためにと一緒に保健所に行くのは「同行」である。

　しかし，緊急度・必要度が高いときは，もう少し踏み込んだ「事前調整」ができれば，それに越したことはない。（繰り返しになるが）Aさんが保健所にBさんのことで相談しながら，その一方で，Aさんが（もしできそうだったら）Bさんに保健所に相談してみてはと勧めてみる，（もしAさんが時間を割けそうだったら）Aさんも"保健所に同行しても良い・訪問に立ち会っても良い"と伝えて説得してみる。そんな説得を試みたあと，改めて保健所に連絡して，説得したときのBさんの反応を伝えると保健所は状況がわかって動きやすくなる。迅速に対応してもらえるかもしれない。

現状の保健所の自殺防止への取り組み

　自殺防止において保健所が果たしている役割はとても大きい。緊急に保護しなくてはならないケースについては警察にお願いするしかないが，それ以外の対応が難しいケースについては最も頼りになる。

　保健所が頼りになるのは，一つは，保健所が「相談指導」「訪問指導」を行えること，もう一つは，保健所が福祉事務所，児童相談所，

地域包括支援センターなどの地域の支援機関と連携できるからだ。保健師の「相談指導」は「相談」とはやや違う。「訪問指導」は「訪問」とはやや違う。違うのは，文字通り，「指導」できる点だ。相談した上で，あるいは，訪問した際に，こうしたらと「指導」する。それができるのは，保健所が地域の支援機関と連携をとれるからだ。保健師のする「相談指導」は，気持ちや考え方の整理といった「相談」レベルに留まらない，「具体的な指導」（こんな支援がある，あんな支援があると伝えて肩を押すこと）もできる。

　自殺防止において保健所が果たしている役割はとても大きいが，しかし，現状，まだ至らないところがある。理由は主に次の二つである。

バラツキが大きい

　現状，保健所の自殺防止への取り組み方は，個々の保健所によって大きく違っている。また同じ保健所でも保健師によっても違う。バラツキが大きい。その原因は，一つは，保健師の自殺防止への取り組み方について，統一的な基準が設けられていないためだ。例えば，相談されたケースについて（簡易なレベルのものでも良い）自殺リスクアセスメントして，それを記録に残すことにはなっていない。自殺リスクアセスメントを定式化すれば，それだけで保健師の動き方のバラツキを相当に減らせるだろう。もう一つの原因は，保健所と他の支援機関との関係，例えば，保健所と福祉事務所，保健所と地域包括支援センター，保健所と警察の関係が，良い地域とそうとは言えない地域があることだ。地域の他の支援機関と連携・協力が良くないと自殺防止の取り組みはうまくいかない。連携・協力を良くするためには，保健所の自殺防止の取り組みに他の支援機関

は協力しなくてはならないことを，「法文の中の抽象的文言（抽象的な権限）」に留めず，「具体的な手続き」に落とし込むことが必要ではないのか。

保健師が忙し過ぎる

　取り組みの統一的な基準（定式化）や権限を具体的な手続きに落とし込むことで，保健師の動き方のバラツキは大幅に減るだろう。しかし，それでも保健所にできることには限界があるだろう。その理由は言うまでもない，保健所は"生まれる前から墓場まで"をカバーしていて，多忙を極めているからだ。

　現状，週1回程度の相談指導や訪問指導で凌げるケースには（何とか）対応できても，それ以上の関わりが必要なケース，包括的で濃密な支援を一定期間行わなくてはならないケースは保健所にとって荷が重い。そうしたケースに対応するには**「自殺防止に特化した専門機関」**がどうしても必要になる。東京都では「東京都こころといのちのサポートネット」（正式名称；東京都自殺未遂者対応連携支援事業）が，その役割を担っている。このことについては後述する。

　以上，緊急に保護を必要とする場合のゲートキーパーの動き方について述べた。こうした動きは，ひと言で表現すれば，**「緊急保護スタイル」**の対応である。

　次に，緊急保護を必要とするほどでない場合について述べてみたい。結論から言えば，自殺防止の活動は5つのスタイルのどれかになる。（これまで述べた緊急保護スタイルを①とすると）②つなぎスタイル，③寄り添いスタイル，④寄り添い・つなぎスタイル，⑤寄

り添い・つなぎ・包括支援スタイル，である。それぞれに，良いところと，良くないところがある。良くないところを補って，良い対応になるようにしなくてはならない。

2　つなぎスタイル

事例を使って考えていこう。

事例B-2

　Aさんは，顔を合わせた隣人Bさんの様子がいつもと違うので声をかけた。

　Aさんが声をかけたところ，Bさんから少し話を聞くことができた。飲食店の経営が行き詰まって，生活が苦しくなっていると漏らした。

　Bさんの話を聞いて，AさんはBさんに福祉事務所に相談に行ってみたらと勧めた。

　「Bさんが，飲食店の経営が行き詰まって，生活が苦しくなっている」ことについて，どういう事情があるのか，Aさんは（あえて）尋ねなかった。

　Bさんは，いつもと様子が違う，かなり困っているのだろう，しかし，お金が絡むことであり，それには自分はなんともできない，公的な機関に相談してもらうしかない，公的機関でAさんが思い付いたのは福祉事務所しかなかった，ということで，AさんはBさんに福祉事務所に相談するように勧めたのだ。

（補足）

　Aさんが一歩踏み込んでBさんに尋ねなかったのは「お金に絡むことだから」だけではなく，他の理由もあった。

Aさんに一歩踏み込むことを躊躇わせた，その他の理由
- AさんはBさんの事情を多少知っていたから，あまり深く関わらない方が良いと思った。
- 一歩踏み込んで事情を聞きたいと思ったが，Bさんが「詮索するな」というオーラを醸し出していた。
- 一歩踏み込んで下手に話を聞いて，中途半端なこと（生兵法になりかねないこと）をするのは良くない。この際は，「専門機関」に任せた方が良いと思った。
- 福祉事務所につないだ場合，たとえ，そこでは支援してもらえなかったとしても，きっと福祉事務所は，親切に，別の支援機関を紹介するだろう。これは，Aさんに限らず，多くの人が抱いている "お役所への大きな期待" だ。

　Aさんが行ったような対応，即ち，「困ったことを聞いて，そのことに対応してもらえそうな公的な支援機関につなぐスタイル」は多くの人が行っている。

　「特定の支援機関につなぐスタイル」には共通した特徴がある。対象者の話（事情）を一歩踏み込んで聞いていないことだ。つまり，対象者について自殺リスクアセスメントをあまりしていない。もし一歩踏み込んで事情を聞けば（自殺リスクアセスメントしたら），たぶん複雑な事情が見えてくる。見えてくると，一つの支援機関につなぐだけでは問題解決にならないことがすぐに見えただろう。

繰り返しになるがＡさんが（あえて）一歩踏み込んでＢさんに尋ねなかった主な理由は，「お金が絡むことで，それは自分にはなんともできない，公的な機関に相談してもらうしかない」と思ったからだ。言い直すと，一歩踏み込んで事情を聞いてしまうと，自分が面倒なことに関わらなくてはならなくなるかもしれない，そうなるのを避けたかったからだ。ということは，ＡさんがＢさんを福祉事務所につなごうとしたのは，正直に言えば，「福祉事務所にたらい回ししたい気持ち」も多少あったのだ。

　Ａさんと同じように，一歩踏み込んで話を聞かないで，すぐにどこかにつなごうとするのは，自分の手元で引き受けるのを避けようとしたときで，「つなぐ」ことは，正直に言うと，「たらい回ししたい気持ち」も多少働いていたのではないか。

　こうした「つなぎスタイルの対応（たらい回しスタイルの対応）」は，地域，学校，職場，病院，警察，施設などいろいろな場で，とても広く行われている。例えば，病院で，ある入院患者が「死にたい」と漏らしたとき，その患者の話をあまり聞くことはせずに（一歩踏み込んで自殺リスクアセスメントせずに），急いで精神科病院に転院させようとする，などである。

　さて，ＡさんがＢさんに「福祉事務所に相談する」ことを勧めて，Ｂさんが福祉事務所に相談に行ったとして，そのあとどうなるだろう。

福祉事務所の相談員が注目するのは生活保護費受給の要件を
満たしているかどうか

　Ｂさんは，福祉事務所の相談員に，「飲食店の経営が行き詰まって，生活が苦しくなっている」ことを縷々訴えた。それに対して相談員

からは「最近の月収，預金があるか，自家用車はあるか，親兄弟から支援してもらえないか」などと尋ねられるだろう。生活保護費の支給の要件を満たしているかどうかのチェックだ。もし，要件を満たしていなければ「残念ですが生活保護の支給はできません」と申し渡される。おそらく，飲食店を経営しているBさんは（自家用車，若干の預金がある，など）で生活保護の受給要件を満たしていないだろう。

　生活保護費の支給を断られて，Bさんが，改めて，"私はこんなに困っているのです"と訴えるかもしれない。しかし，要件を満たしていない以上，支給は断られる。『要件を満たしていなくても，相談者の"困り度"に応じて融通無碍な対応をする』ことはない（正確に言えば"できない"）。
　そこでBさんが，「ではどうしたら良いですか，何か良い方法はないですか？」と尋ねたら，福祉事務所は他の支援機関を案内してくれるだろうか？

他法優先の原則
　生活保護費の支給は「最後の受け皿」である。もし他の方法（他の法律）で支援できる場合は，そちらで支援することになっている（他法優先の原則）。その原則に則って福祉事務所は，他の支援機関を案内するかもしれない。しかし，福祉事務所がどこかの支援機関を案内したとしても，その支援機関で支援を受けられるということではない。"案内"は文字通り"案内"に過ぎない。

公的支援機関の，要件を満たしている人に，法律で定められた支援メニューを提供

　そして，"案内"された支援機関では，福祉事務所と同様に，相談者が，支援の受給要件を満たしているかどうかをチェックし，支援するかどうかを決める。

　Bさんの場合に限らず，「一つの支援機関につなぐスタイル」の対応では，つなげた支援機関からの支援を受けられなかったら，人によっては，また，自殺リスクの高さによっては，そこで行き詰まってしまいかねない。「もう頑張れない，もう駄目だ」となる。「一つの支援機関につなぐスタイル」の対応は相当な危うさを孕んでいるのだ。だが，このスタイルの対応で意外に良い結果につながることも少なくない。例えば，こんな展開である。

　　　Aさんが Bさんに声をかけてくれた。心配してくれて福祉事務所に相談するように勧めてくれた。Aさんが心配してくれたのが嬉しかった。気持ちが明るくなった。さらに福祉事務所でも Bさんの話を聞いてもらえ，心配してもらえたことで，生活保護の受給はできなかったけど，気持ちが（少し）前向きになれた。気持ちが（少し）前向きになれて，自分なりにあれこれ考えられるようになった。このあと Bさんは自らハローワークに行った。警備員のアルバイトに応募したら，採用された。しばらくアルバイトで凌ぎながら，次のことを考えようと思った……。

　この事例が示すように，「一つの支援機関につなぐスタイル」の対

応は，つなげた先の支援機関で支援を受けられず，そこで行き詰まってしまう危険性があるが，しかし，この対応（一つの支援機関につなぐスタイル）を通して，人の温かさに触れ，孤立感が和らぎ，自殺リスクが薄れる可能性も孕んでいる。実際に，多くの人が，ゲートキーパーの「一つの支援機関につなぐスタイル」による対応で，危機を脱することができている。

「一つの支援機関につなぐスタイル」の対応に必須なこと

　しかし，「一つの支援機関につなぐスタイル」の対応が，もし，事務的で，親切さに欠けていたら，「孤立感が和らぎ，自殺リスクが薄れる」ことはない。事務的であってはならない，親切でなくてはならない。ひと言で言えば，「対象者に寄り添うようにする」ことが大切だ。ということは，「一つの支援機関につなげるスタイル」の対応は，後述する「寄り添いスタイル」にできるだけ近づけることが大切なのだ。

「死にたい」と漏らした人に "精神科受診を勧める" こと

　学校，職場，病院，などで，ある人が「死にたい」と漏らしたとき，その人や，その人の家族に，精神科受診を強く勧めることがある。その勧め方が，「あなたは普通ではない，精神科治療が必要だ」と決めつけるようなものになりがちだ。そんな勧め方をされた人はいっそう追い詰められてしまう。

　精神科受診を勧めるときは（精神科受診に限らず，その人にとって "重い内容" のことを勧めるときは），本人の話をしっかり聞き，大変

さを共感した上で，「重い選択を勧める」ようにした方が良い。例えば，「今は，とても疲れているので，このままでは壊れてしまう，お薬をもらって，ひとまず眠れるようにしよう……」といった勧め方だ。

　ところで，Bさんの場合，コロナ関連の休業補償（正確には，感染拡大防止協力金）を申請すれば受理された可能性が高い。しかし，Aさんにも，Bさんにも，その知恵はなかった。AさんやBさんのような，ごく普通の人のために「利用できる社会的支援についての総合案内窓口」が必要だ。

「失われた30年」と新型コロナ，
「社会的支援についての総合案内窓口」

　日本社会は，バブル崩壊のあと，1991年3月からの「失われた10年」「失われた20年」「失われた30年」を経る中で，激変してきた。日本社会の激変に対応して，社会福祉に関連した従来の法律が大幅に改訂され，また，新しい法律（児童虐待防止法，障害者総合支援法，自殺対策基本法，DV防止法，発達障害者支援法，生活困窮者自立支援法など）が制定されて，さまざまな新しい支援策が打ち出されてきた。さらに，2020年1月からの新型コロナ流行下で膨大な数の支援策が打ち出された。それらを国民一人ひとりが活用できるようにするには「総合案内窓口」が，今や，必要不可欠だ。

3 しっかり寄り添うスタイル

　Aさんが，隣人Bさんの様子がいつもと違うので，声をかけたところ，Bさんから少し話を聞くことができた。「飲食店の経営が行き詰まって，生活が苦しくなっている」と漏らした。そのとき，Aさんは，一歩踏み込んでBさんの話を聞くことは，いろいろな理由でためらわれたことから，公的支援機関（福祉事務所）に相談してはどうかと勧めた。「つなぎスタイル」の対応だった。

　しかし，Aさんは，できれば，一歩踏み込んでBさんの話を聞いてみるべきだった。何故そう言えるかというと，一歩踏み込んで話を聞くだけでBさんの事情が垣間見えるからだ。私たちは，それぞれに人生経験を重ねているから，Bさんの事情を少し垣間見るだけで，かなりのことが「わかる」。さらに事情を話すBさんの様子からもいろいろなことがわかる（私たちはBさんの事情を垣間見るとき必ずBさんの様子も見ている。つまり，「対象者の事情」と「対象者の様子」をワンセットで摑んでいる）。

　いろいろなことが「わかる」と，Bさんにどんな対応をしなくてはならないかが（少し）見えてくる。そのあと私たちはどうするだろう。私たちはもっと詳しくBさんの話を聞こうとするだろう。こうしたスタイルの対応は，即ち，「寄り添いスタイル」の対応だ。

　一歩，二歩と，踏み込んで話を聞いてみると事情がもっと見えてくる。見えてきた事情は実にさまざまだろう。百人百様だ（"人の話は聞いてみるものだ"という古い諺どおりだ）。百人百様の事情が，かなり見えてきたとき，自殺防止の活動はどのようになるか。以下，

事例を使ってお話ししたい。

　三つの模擬事例をお示しする。

事例B-3-1

　Bさんが経営する飲食店は以前から経営状態が良くなかったらしい。コロナ流行で営業時間を短縮してから一気に経営が行き詰まったという。仕入れをするお金も不足してきてじり貧。補償（感染拡大防止協力金）が出ると聞いてはいるが，申請していない。役所に行くのが怖い（Bさんはソーシャルスキルがとても低い）。

　Bさんは途方に暮れている。役所から書類が届いているが，開封していない。役所が怖いのは，以前に，税務監査があったとき，手続きの不備を厳しく問い質されて，うまく答えられなかったときからだという。一人住まい。両親と兄がいるが，最近数年は連絡をとっていない。頼れる人がいないという。Aさんが，さらに踏み込んで事情を聞くのにBさんは素直に答える。答えながらAさんに，ひしひしと頼ってくる感じ。Aさんは思わず引いてしまいたい気持ちになったが，我慢して〝感染拡大防止協力金の申請を手伝いましょうか〟と提案した。その途端にBさんの表情が明るくなった。ひとまずは，Aさんが，申請の手伝いをして，うまく協力金をもらえたら，Bさんは今の窮状から抜け出せるだろう。しかし，そのあとも，Bさんは別の問題で追い詰められるのではないか。Aさんは，Bさんをどこまで支えられるか。正直，不安だ……。

事例B-3-2

　Bさんが経営している飲食店は昔ながらの蕎麦屋。周りの同業者に比べて，以前から客数が少ない。ずっと経営不振だった。ここに来て，コロナ流行が追い打ちをかけて経営が行き詰まってしまったようだ。

　奥さんは飲食店を手伝っていない。手伝わずにパートに出ている。奥さんとは普段ほとんど口を利かないという（Bさんは無気力で消極的，経営の才覚がない，Bさん夫婦の関係は冷え切っている）。

　一歩二歩と踏み込んでBさんの話を聞くうちに，Bさんは，飲食店の経営に行き詰まっているだけでなく，夫婦関係が冷え切っていること，二つのことが関係しあっていることがわかってきた。

　Bさんは何事にも無気力で消極的だ。Bさんの話しぶりは，自分の深刻な事情を話していても，まるで他人事のようで，説明不足なため何度も聞き直さないと，内容が摑めない。話しているうちにBさんはAさんに少しずつ親しみを持ってきていると感じられた。だが，それは少しずつで，関係があまり深まった感じはしない。

　Aさんは，ひとまず，飲食店の経営をどうしたら良いかの相談には乗れる。しかし，この先，AさんはBさんに何ができるか，どこまで関われるだろうか。Aさんはとても気持ちが重くなった……。

事例B-3-3

　Bさんが経営する飲食店は，ごく普通の蕎麦屋で，コロナ流行下でも経営は何とかなっていた。生活が苦しくなったのは長男のことが大きい。長男は長く引きこもっている。最近，ゲームにはまり，ゲームの課金に多額のお金をつぎこんで，カードローンが膨れ上がっ

ている（長男のひきこもりが一番の問題だった）。

　一歩踏み込んでＢさんに話を聞くと，最初はためらいがちであったが，少しして，意を決したように，長男が長くひきこもっていること，長男がゲームにはまって，多額のお金をつぎ込んで，カードローンが膨れ上がっている，返済できないかもしれないと，一気呵成に話した。Ｂさんは，困り果てている様子。

　長男を叱れないのかと尋ねたところ，今回のことで，長男を叱責した，言い返してきて，さらに暴力を振るってきた，馬乗りになって殴ってきた。長男の暴力に体力的に太刀打ちできないという。

　Ａさんがひきこもりはいつからですかと聞くと，中学で不登校になったことから始まったと言い，これまでの経緯を詳しく話し出した。Ｂさんから詳しく経緯を聞かされて，ＡさんはＢさんの大変さがわかった。ＡさんがＢさんに大変ですねと漏らすと，Ｂさんは，一瞬絶句したあと，そうなんですと答えた。それでも，Ｂさんは，Ａさんに深刻な事情を話せたことで少し気持ちが楽になったように見えた。しかし，Ａさんは不安になった。自分に何ができるか，何をすれば良いか，見当がつかなかった……。

　以上，ゲートキーパーとなった人が，一歩踏み込んで話を聞くと，対象者の事情が少しわかる。事情は，百人いれば，百様である。対象者の少し事情がわかると，自然な流れで，二歩，三歩と踏み込んで事情を聞くことになる。そうやって対象者から事情を聞くことは「対象者にしっかり寄り添う」ことだ。

　寄り添って聞くうちに対象者のことがいろいろわかってくる。わかってくることで対象者についての自殺リスクのアセスメントが深

まる。自殺リスクアセスメントが深まるとともに対象者の大変さに自然に共感できる。共感したことが対象者に伝わり，対象者は"自分の大変さをわかってもらえた"と感じ，そう感じたことで対象者の気持ちは少し和らぎ，対象者の自殺リスクが少しほぐれる。ここまで展開できたら，ゲートキーパーとなった人は，間違いなく，素晴らしい仕事をしたのだ。

「寄り添いスタイル」は，間違いなく，ゲートキーパーが出来る自殺防止の活動の中核部分だ。

4 しっかり寄り添い・つなぎスタイル

ところで，「寄り添いスタイル」で対応しているときには，ゲートキーパーと対象者，さらに対象者の関係者が加わっても，（小さな問題〜大きな問題で）どうして良いかわからないこと，自分たちではできそうにないと思ってしまうことが起きがちだ。そのようなときは，外部の支援機関を頼るしかない。

例えば，前述の三つの事例の場合，

事例B-3-1

コロナの"感染拡大防止協力金"申請書類の書き方でAさんにもわからない箇所がある。役所の窓口に直接尋ねても大丈夫か，書き方を工夫しないと申請が通らないことはないか，心配。どこか相談できるところがほしい（支援機関のことを相談できる窓口）。

Bさんには夫婦関係の調整が必要ではないかとAさんは思ったが，自分にはできそうにない。どこか専門の相談機関に相談してもらうのが良いと思ったが，Aさんには，どこにそんな専門機関があるのか，場所がわかっても，どうすれば相談を受けてもらえるのか，相談を受けるようにBさんをどう説得すれば良いか見当がつかなかった。

夫婦関係の調整だけでなく，Bさんがとても無気力で消極的なことについて精神科や心理相談で相談した方が良いと思ったが，それにはどうすれば良いかAさんには見当がつかなかった。

ひきこもっているBさんの長男のことについて，AさんとBさんでどうしたら良いか話し合った。ネットを検索してみたら，自治体で行っている「ひきこもり支援センター」の情報があった。そこに相談すれば，どんなことをしてもらえるのだろう。相談したためにかえって長男が荒れたりしないだろうか。

専門家ならすぐに見当がつくことで一般の人には難問になってしまうことがたくさんある。「しっかり寄り添いスタイル」で対応をしていて，ゲートキーパーと対象者や対象者の関係者だけでは対応しきれないときがある。そんなときは外部の支援機関を利用する必要がある。適切な支援機関とつながりながらの支援は，言うなれば，「しっかり寄り添い・つなぎスタイル」の対応だ。ただ，どのような支援機関を利用できるか，どうすれば利用できるか見当がつかないことが少なくない。そんなときに安心して相談できる「総合相談窓

口」がほしい。

5　しっかり寄り添い・つなぎ・包括支援スタイル

　「寄り添いスタイル」の対応，「寄り添い・つなぎスタイル」の対応について述べたが，深刻な事情を抱えた事例はこれらでは対応できないかもしれない。

　三つの模擬事例をお示しする。

　結論から言えば，この三つの事例に対応するためには，Aさんは，"しっかり寄り添い・つなぎ・包括支援"スタイルの対応をすることが必要だ。

事例B-4-1（精神状態の揺らぎによる自殺リスクのケース）

　Aさんが顔を合わせた隣人Bさんの様子がいつもと違うので声をかけた。

　Aさんが声をかけたところ，Bさんから話を聞くことができた。飲食店の経営が行き詰まって，生活が苦しくなっていると漏らした。

　一歩踏み込んでBさんに事情を聞いてみたら，大変な状況であることがわかった。

　「3日前に飲食店を共同でやっていた友人Cさんと喧嘩……そのあと友人Cさんが店の預金通帳をもって出て行った……連絡がとれない……彼がいないと店を維持できない……もうダメだ」。

　始めは言い淀んでいたが，話すうちにBさんの語気が激しくなっ

ていった。Bさんは興奮していて不安でいっぱいで，張り詰めている。自殺リスクがある。リスクの程度は「高」ではないか。Bさんの自殺リスクは友人Cさんとの対立がきっかけだ。Bさんは「精神状態の揺らぎ」でBPSASに陥っている。こんなときは，まずは，Bさんの「精神状態の揺らぎ」を鎮めることに注力しなくてはならない。

　Aさんは，ここは腹を括って，Bさんの話をとことん聞くことにした。Bさんは，しばらくは語気が激しかったが，話すうちに少しずつ語気の激しさが薄れた。

　激しさが薄れてきたところで，Bさんは次のようなことを漏らした。「"切れて"，またダメにした……学生のときも……会社を辞めたのもそうだった……会社を辞めたあと友人Cさんに誘われて飲食店を始めた……友人Cさんにもたびたび"切れた"が，Cさんは鈍感なのか次の日は，何事もなかったかのように，いつもと同じに接してくれた……それで5年もやってこれた……今度という今度はダメだ……」。

　AさんがBさんの話をしっかり聞いたことで，ひとまずBさんの「精神状態の揺らぎ」は少し抑えられたが，Bさんの状況は切迫している。難しい問題を少なくとも4つ抱えている。①Cさんとの葛藤，②飲食店の経営のこと（預金通帳のこと），③Bさんが「切れやすい」こと，④Bさんが「揺らぎやすい」ことだ。4つは密接に関連している。同時並行してほぐさなければならず，それも迅速さが求められる。複数の問題を包括して迅速にほぐす支援が必要だ。そんな支援を行える支援機関があるだろうか。

事例B-4-2（悪循環・発展による自殺リスクのケース）

　Ａさんが顔を合わせた隣人Ｂさんの様子がいつもと違うので声をかけた。

　Ａさんが声をかけたところ，Ｂさんから話を聞くことができた。飲食店の経営が行き詰まって，生活が苦しくなっていると漏らした。

　そこで一歩踏み込んでＢさんに事情を聞いてみたら，大変な状況であることがわかった。

　Ｂさんの飲食店の経営が行き詰まったのは今回で3度目。いつも，ギャンブルと浪費とカードローンで借金が嵩んだため。最初のときは両親が，2回目のときは兄が借金を穴埋めしてくれた。今回も巨額のカードローンを抱えている。両親，兄に連絡したが，まったく取り合ってくれなかったという。

　Ｂさんは心ここにあらずで，どこか投げやりであった。相当に追い詰められている。自殺リスクがある，リスクの程度は「高」だろう。Ｂさんに関わって厄介な問題に巻き込まれないか不安だったが，不安を押し殺しながらさらにＢさんの話を聞いた。

　カードローンの総額がどのくらいあるのかは口を濁して言わないが，相当な額のようだ。「カードを7枚持っていて，どのカードも目一杯に借りている。一つのカードの返済が3日後だが返済できそうにない。返済しないと行き詰まる」という。話すうちにＢさんの切迫感が少し薄れたが，逆にＡさんはとても不安になった。これからどうしたものか。Ａさんは，他に思い付かなかったので，Ｂさんに，ひとまず保健所に相談することを提案。Ｂさんは，すぐに納得。

　Ａさんが保健所に電話したら，すぐに相談に来るように言われた。

保健所で保健師と相談。保健師は，しばらく話を聞いたあと，連絡を入れておくので，こちらに相談するようにといって，ある支援機関を紹介した。そこは「自殺防止のための包括的な支援を行う支援機関」であった。その支援機関に電話を入れると，すぐに来所するように言われる。

　支援機関の相談員からこれまでの経緯を聞かれる。相談員がＢさんの首にあざを見咎めて，それはどうしたのですかと尋ねた。Ｂさんが早朝に縊首企図したが幸運にも紐が切れて失敗に終わったことがわかった。Ｂさんは，この5日間ほとんど寝ていなかったと言う。

　相談員からＢさんの父親に連絡を取りたいと了承を求められる。Ｂさんの了承を得て，相談員は父親に電話。父親がすぐに駆け付ける。父親も交えて話し合った。Ｂさんが父親に謝り，父親もＢさんに謝り，その場が互いの和解の場になった。

　そのあと支援機関の協力弁護士が加わり，皆で，多重債務のことを話し合う。「自己破産」しか選択肢はないだろうとなった。Ｂさんと父親がすぐに了解し，ただちに手続きを開始することが決まった。

　支援機関の協力精神科医から電話での助言を受け，相談員がＢさんに精神科受診を勧める。Ｂさんの了承を得て，相談員は数カ所の精神科医療機関に打診し，1カ所の精神科クリニックで受け入れてもらえることになる。そのあと，ＢさんにＡさん，父親，それに相談員が同行して精神科クリニックを受診。「うつ状態」と診断され，薬（抗うつ剤，抗不安薬，睡眠導入剤）が処方される。しばらく実家から，短い間隔で受診することになる。精神科受診を終え，一同で支援機関に戻り，今後の連絡方法などを確認する。Ｂさんは，弱々しいが，ほっとしていることが見てとれた。

　その後，自己破産の手続きが進む。滞納していた税金だけは分割

返済しなくてはならず，それは父親が代わって支払った。Bさんは精神科通院を続けていて，表情に明るさが戻っている。飲食店は2週間の休業のあと再開。飲食店に，父親が時折，顔を出している。

　それから1年経過したが，Bさんは再びギャンブルに手を染めることなく，堅実に過ごしている。

　Aさんのしっかり寄り添いにはじまり，保健所へのつなぎ，保健所から「自殺防止のための包括的な支援を行う支援機関」への依頼，支援機関での迅速な包括支援，この**一連の対応は，「寄り添い・つなぎ・包括支援」**スタイルである。

事例B-4-3（精神病性の症状による自殺リスクのケース）

　Aさんが顔を合わせた隣人Bさんの様子がいつもと違うので声をかけた。

　Aさんが声をかけたところ，Bさんから話を聞くことができた。飲食店の経営が行き詰まって，生活が苦しくなっていると漏らした。

　一歩踏み込んでBさんに事情を聞いてみたら，大変な状況であることがわかった。

　「コロナで売り上げが減った，このままでは破産しかないです」とBさんは絞り出すように言った。Aさんには腑に落ちなかった。Bさんの飲食店は，夜は，規制に従って営業時間を短縮しているが，それ以外の時間帯はいつも繁盛している。借金なしの堅実な経営のはずだ。倒産の恐れがあるとはとても思えない（夜の営業時間短縮については行政から休業支援金などが支給されている。Bさんも受給している）。Bさんはひどく疲労困憊している。「眠れていますか」と

聞くと，3カ月くらい前からあまり眠れていない，食欲もない，体重も減ったという。

　Bさんは，不安と焦燥感が強く，憔悴している。自殺リスクがありそうだ。たぶん自殺リスク「高」ではないか。

　AさんはBさんの不安を鎮めようとして，Bさんを懸命に宥めた。「堅実に経営してこられているし，破産するようなことはないですよ」と励ますたびに，「いや，もうダメです」と繰り返す。Aさんが言えば言うほどBさんはダメだと言い募る。Bさんの精神状態は普通ではない。Bさんはただならない状態だ。

　Bさんはすぐに携帯でBさんの奥さんを呼び出し，奥さんと話をした。「主人の様子はおかしいです。何も心配ないと言っても全くダメなんです。もう死ぬしかないと言ったりするのです。病院に行くように言うと怒り出して手がつけられないのです……」。すぐに奥さんに来てもらい，一緒にBさんに精神科受診を説得。Bさんは最初はしぶっていたが，最後は曖昧な口調だが納得する。Aさんはすぐに近くの精神科クリニック数カ所に電話で受け入れを依頼した。しかし，どこも，すぐには受け入れられないと言って断られた。Aさんは保健所に相談してみた。保健所で探してみると言ってもらえた。1時間後に，受け入れてくれるところがどこも見つからない，3日後だったら受け入れてくれるところがあるとのこと。3日も待てませんと答えたら，「また折り返し電話します」と言われしばらくして保健所より「こちらに相談してみてください，連絡してあります」と支援機関を紹介された。自殺防止のための包括的な支援を行う支援機関であった。そこに「保健所から紹介された」といって相談すると，「保健所から連絡を受けています，奥さんと電話を替わってもら

えますか」と聞かれる。奥さんが替わると最近の経緯を詳しく聞かれた。

　"自殺防止のための包括的な支援機関"では，奥さんから聞き取った情報を5名の協力精神科医に一斉メールで伝えて精神科医からの判断を仰ぐ。精神科医3名からすぐに返信メール。判断は3名とも同じであった。うつ病性のうつ状態が最も考えられる，自殺リスク「高」，外来では対応しきれない，入院が必要だろう。協力精神科医のアドバイスを受けて，ただちに10カ所の精神科病院に受け入れ可否の打診。2カ所から受け入れ「可」の返事。すぐに奥さんと電話。入院治療が必要になる可能性が高い。本日に入院出来る二つの精神科病院の情報を伝える。奥さんから，長男と一緒にBさんを説得してから返事するとのこと。30分後に奥さんから電話。入院を手配してほしい。距離的に近いのでX病院の方が良い。相談員から奥さんに，すぐにX病院に連絡するように伝える。入院が必要な場合は病院から奥さんに同意を求められることも伝える。奥さんと長男，BさんがAさんの車で病院に向かう。

　X病院での診断は，やはり，うつ病。不安焦燥感が強く，自殺リスクが高いことから入院が必要。

　その後1カ月でうつ病は改善し退院となる。退院後は外来通院。うつ病の経過は良好。飲食店は，Bさんが入院している間は，奥さんとアルバイトで切り盛りしていたが，Bさんが退院後は，Bさんがお店に徐々に復帰。その後2年が経過するが，順調に推移している。

　一連の対応は「しっかり寄り添い・つなぎ・包括支援」スタイル

であった。

　以上，ゲートキーパーから始まる自殺防止活動はおおよそ5つの
スタイルのどれかになること，5つのスタイルが，それぞれ，どの
ようなものか述べてきた。どのスタイルの対応になるかは，自殺リ
スクの程度，対象者の状況（家族がいる，単身，など），ゲートキー
パーができること，どの支援機関を利用できるかで決まる。
　一つのスタイルで対応しきれないとき，すぐに別のスタイルに変
えることが大切だ。"自殺防止のための包括的な支援機関"は，まだ
あまり普及していない。早急な普及が望まれる。

　"自殺防止のための包括的支援を行う支援機関"がどのようなもの
かイメージしていただくために，"自殺防止のための包括的な支援を
行う支援機関"の一つの例として，東京都こころといのちのサポー
トネット（正式名称：東京都自殺未遂者対応地域連携支援事業）の
ことを簡単に紹介させていただく。

Ⅲ　「東京都こころといのちのサポートネット」のこと

　「東京都こころといのちのサポートネット」（正式名称；東京都自
殺未遂者対応地域連携支援事業），略称；サポートネットについて，
概要をお話ししたい。
　これは東京都（福祉保健局福祉保健部保健政策課）が平成26年
（2014年）より行っている事業で，特定非営利活動法人メンタルケ
ア協議会が受託して運営している（メンタルケア協議会が発案し，
厚生労働省の自殺対策補助金を使って試行的事業を行った。その実

践をもとに，東京都が少し形を変えて事業化された）。

　事業内容は，「警察，医療機関，保健所など」が自殺リスクのある
ケースに対応している際に，その機関では十分な対応ができそうに
なく，急いで他の機関に引き継ぐ〜他の機関と連携して対応できる
ようにする必要があるとわかったとき，「引き継ぎや連携を支援する
（コーディネートする）こと」である。サポートネットは「警察，医
療機関，保健所など」から依頼を受けると，できるだけ迅速に対応
する。対応は多職種チームで行う。以下に，この事業の人的体制，
運用時間，実績などを説明する。

1　サポートネットの運営体制

　サポートネットは都内1カ所に設置され，都内全域をカバーして
いる。
　人的体制は，常勤相談員13名（心理士，PSW，看護師，保健師）
および，個別ケースの対応について適宜に助言しケースカンファレ
ンスでスーパーバイズを行う専門職（精神科医5名と弁護士1名，ベ
テラン保健師およびPSW数名）で，構成されている。
　開設時間は午前9時〜午後7時（新規依頼は5時まで）で，年中無
休である。

　サポートネットは「東京都自殺未遂者対応地域連携支援事業検討
委員会」を設置し，実績の点検，事業のあり方や方針の見直しを行っ
ている。

検討委員会は，東京精神科病院協会，東京精神神経科診療所協会，都内総合病院，都内保健所，警視庁（生活安全課），東京消防庁，心理士団体からの委員で構成されている。

2　事業の流れ（ケース対応の流れ）

　「警察，医療機関，保健所など」からの依頼内容は，3分の2以上が「精神科病院の入院先を探してほしい」である。しかし，ケースの詳細を聞いてアセスメントを行うと，実際すぐに入院が必要なケースはその半分程度である。相談員の対応は，主に「相談」「仲介依頼」「直接支援」の三つに分けられる。このうち「仲介依頼」と「直接支援」は支援対象者やその家族の了解を得て行う。

- 「相談」では，依頼元の機関に（精神医学的，法律的，その他の専門的な）助言と情報提供を行う。
- 「仲介」では，精神科病院や地域の支援機関を迅速に見つけ，依頼元（警察や保健所，医療機関など）と受け入れ支援機関とを仲介する。仲介に当たっては，支援対象者や家族への説明や説得も行う。
- 「直接支援」では，依頼元の機関（警察や保健所，医療機関など）や支援対象者の自宅に出向くなどして，支援対象者・家族に面接することから始める。直接に支援していて，他の支援機関（精神科病院やクリニック，弁護士事務所，児童相談所など，大抵，複数の支援機関）を利用するときは，その支援機関に同行し，支援会議に参加する。

3 事業実績

表3-2 対応件数

対応件数	H26	H27	H28	H29	H30	R1	R2	R3	合計
男性	73	121	145	115	128	122	130	86	920
女性	70	116	132	127	157	140	169	135	1046
不明 （問合せ等）	12	16	9	8	22	21	18	29	135
総計	155	253	286	250	307	283	317	250	2101

　平成26年（2014年）7月10日に開設してから令和3年3月31日までに2,101件のケースに対応した。年間約300件である。いずれも依頼元機関（警察，医療機関・保健所など）では対応が難しいことからサポートネットに依頼されたケースであった。

ケースの依頼元
　警察が37.7％，医療機関・救急隊が32.7％，保健所8.3％，東京都の相談機関3.1％，福祉事務所2.0％，となっている。おおよそ，1/3が警察から，1/3が医療機関から，1/3が保健所やその他の機関からであった。

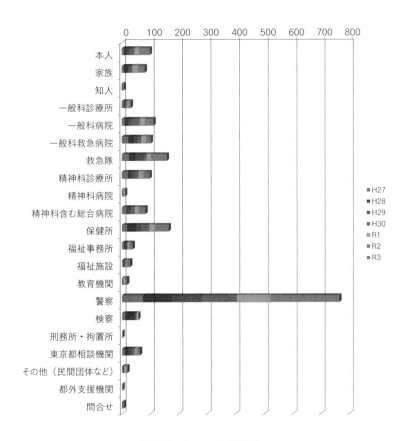

図3-2　ケースの依頼元

これまでの「自殺未遂者支援」

「自殺未遂者支援」は，これまで，自殺企図して救急病院に搬送されてきた人を対象に行われてきた。しかし，自殺未遂者は，救急病院よりも，警察に保護されていることが遙かに多い。しかも，警察に保護された未遂者の「手段」は，投身，縊首など致死的な企図を直前で止めて保護したケースの割合が大きい。それに対して救急病院に搬送された未遂者の「手段」は過量服薬などの割合が大きい。また，入院にまで至らず外来や一泊で帰宅した場合，自殺未遂者支援を利用することは少ないが，自宅に戻ってから再企図の恐れが高く，家族が保健所や支援機関に相談しに来ることが少なくない。こうした実態を踏まえると，「自殺未遂者支援」は，「救急病院に搬送された人」に限定せず，対象を広げる必要がある。

「自殺未遂者支援」では
「自殺ハイリスク者支援」も行うことになる

「自殺未遂者支援」を行っていると，まだ企図には至らないが自殺ハイリスクである者にも対応せざるを得ない。「自殺企図を行った未遂者でないから対応できない」とは言えないからだ。したがって，自殺未遂者支援では必ずハイリスク者支援も行うことになる。

依頼されたケースの「自殺企図に関連した」状態

依頼されたケースの48％が自殺未遂者・自殺ハイリスク者であった。それ以外に「暴力・器物損壊」「興奮・奇異行動」が38％を占めていた。これらは，日中に精神科救急システムが無いためにサポートネットを便利に利用したものも含まれていたが，ほとんどは自殺

リスクが疑われるケースであった（注．他害行為は一転して自傷・自殺企図になりかねない，興奮・奇異行動が自傷・自殺企図になることも少なくない。また，依頼元の機関が，精神科医療機関などに依頼せずに，わざわざサポートネットを選んで依頼したのは自殺リスクを疑ったからだろう）。

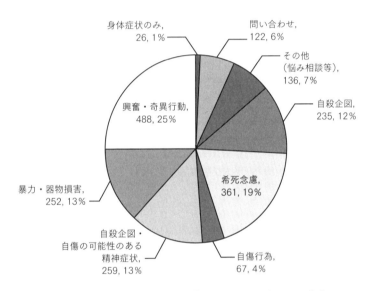

身体症状のみ，26, 1%
問い合わせ，122, 6%
その他（悩み相談等），136, 7%
自殺企図，235, 12%
希死念慮，361, 19%
自傷行為，67, 4%
自殺企図・自傷の可能性のある精神症状，259, 13%
暴力・器物損害，252, 13%
興奮・奇異行動，488, 25%

図3-3　依頼されたケースの「自殺企図に関連した」状態

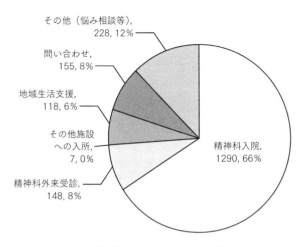

その他（悩み相談等），
228，12%

問い合わせ，
155，8%

地域生活支援，
118，6%

その他施設
への入所，
7，0%

精神科外来受診，
148，8%

精神科入院，
1290，66%

図3-4　依頼されたケースの"依頼内容"

依頼されたケースの"依頼内容"

　依頼元からの"依頼内容"は，すぐに入院できる精神科病院を探してほしい66％，すぐに外来受診できる精神科クリニックを探してほしい8％で，両者併せて74％を占める。

　自殺リスクが高く，依頼元の機関で対応が難しいとき，多くの依頼元（警察・医療機関・保健所など）は，精神科にケースを引き渡したいと考えがちだ。

　言い換えると，依頼元の多くが，自殺リスクがある人を目の前にすると，"対応できない，すぐに精神科に引き渡したい"と考えてしまうのだ。

ケース対応の帰結

　サポートネットでケースを引き受けたあと，最終的にどのような対応を行ったか，その内訳を見てみると，①助言・情報提供と自殺関連感情の緩和で済んだケース41％，②①に加え家族関係調整を行ったケース1％，③地域社会資源の利用（保健所・保健センター，福祉事務所，児童相談所，地域包括支援センター，入所施設など）につなげたケース8％，④入院はしなかったが精神科外来受診につなげたケースが9％，⑤精神科病院入院につなげたケースは33％である。

　サポートネットでは，依頼元からの情報だけでなく，了解が得られれば支援対象者・家族，その他関連している人や機関と面接し事情を聞く。これは支援対象者・家族との関係作りでもあるが並行して，自殺リスクアセスメントのための情報収集でもある。アセスメントはチーム（必要な場合は精神科医や弁護士などの専門家も加わる）で行う。さらに自殺リスクアセスメントを踏まえて，対象者・家族，関係者と面接を重ね，これからどのようにしていくか，できるだけ支援対象者と一緒に考えて，方針を立てていく。

　引き受けた2,101件にサポートネットで行った対応数（相談，仲介，直接支援など）は9,862回であった。1件あたり4.7回である。1件あたりの対応数が多いことから窺えるように，サポートネットでの対応は，"どこか1カ所につなぐ"対応ではなく，必要な対応を幅広く行う"包括型"である。そして，対応は迅速である。例えば，精神科入院が必要と判断されたケースの場合は，ほとんどが数時間のうちに受け入れてもらえる病院を見つけて，並行して支援対象者・家族などを説得して，入院をアレンジしている。迅速な対応ができ

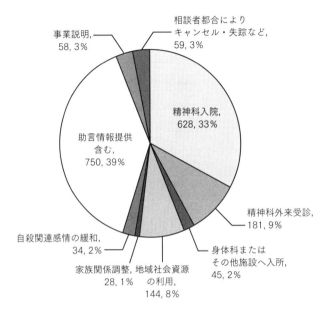

図3-5　ケース対応の帰結

るのは，サポートネットを行っている特定非営利活動法人メンタル
ケア協議会が，東京都精神科救急医療情報センターを東京都より委
託して運用していて，普段から，精神科病院，精神科クリニックと
のつながりを持っていることと，相談員が救急コーディネートでき
るように研修していることが大きい。サポートネットを開始して8
年が経過して，広い都内の各地域の行政機関や民間支援機関とのつ
ながりも，太くなってきた。それも迅速な対応を可能にしている。

ケース対応に要した日数

　依頼された当日に対応を終えたものが71%を占めている。1回の助言や面接相談で依頼元が対処することができたケース，当日中に精神科入院に至ったケース，適切な支援機関につながったケースである。支援対象者との相談（面接，電話，メール等），家族や関係者との関係調整などを，複数回時間をかけて行わなくてはならないときは，対応終了まで時間がかかる。それでも84%が1週間以内に終了している。それ以上の期間を要したケースは，支援対象者をサポートネットで直接支援しなくてはならなかったケースである。例えば，社会生活は送れているが危険なレベルのODやリストカットを繰り返したケースなどである。他の支援機関では支援することの難しい"困難ケース"ばかりである。半年以内で終了したものが6%，半年

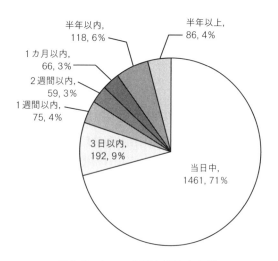

図3-6　ケース対応に要した日数

以上を要したもの（継続して支援中の者も含む）が4％いる。タイミングを見計らって地域の支援機関に支援の軸足を移していくことをいつも考えているが，簡単ではない。

　以上，東京都で2014年7月から行っている「東京都こころといのちのサポートネット」（正式名称；東京都自殺未遂者対応地域連携支援事業），略称；サポートネットについて簡単な紹介をさせていただいた。

　警察，医療機関，保健所や福祉事務所などの東京都のさまざまな相談機関で対応していて，その機関では対応が難しい自殺未遂者・自殺ハイリスク者を，サポートネットに依頼していただくと，サポートネットでは，迅速に包括的な支援を行って，自殺防止に成果を挙げている。ひとことで言うと，サポートネットは「自殺防止のための包括支援センター」となっている。

　「ゲートキーパーの対応スタイル」として5つほど挙げたが，その中の5番目のスタイル「寄り添い・つなぎ・包括支援スタイル」をサポートネットは可能にしている。今後，東京都のサポートネットをモデルとして，全国各地に，「自殺防止のための包括支援センター」が普及することが望まれる。

第 4 章

短い補章 ;
「顕著な個性や傾向」について

本書を終える前に，本書の中の重要なフレーズ「顕著な個性や傾向」について簡単に補足を述べておきたい。

　メンタルケア協議会では最近まで8年間自殺未遂者支援事業（サポートネット）を運営してきた。サポートネットの支援は，支援対象者だけでなく，家族，関係者とも面談する。このようなことは他の自殺関連事業（電話相談窓口；東京都自殺相談ダイヤル，SNS相談窓口；相談ほっとLINE＠東京）ではわずかしか経験したことがなかった。家族，関係者と会って話をしてみると，支援対象者とだけ話していたときには，気づけなかったことに気づかされる。気づかされたことの中で特別に重要なことは，支援対象者が「顕著な個性や傾向」を持っていて，それが自殺リスクを生み出す「個人的要因」になっていることだ。

　例えば，とても律儀である，真面目過ぎるほど生真面目，特定のことに特別にこだわりやすい，といった，その人の際立った特徴は，その人をその人らしくしている特徴であり，その人をその人なりに成功させてきた特徴であるが，他方で，その人を何度も失敗させてきた特徴でもあった。自殺防止では，「外的な要因」を解消することによって自殺リスクを引き下げることができるが，支援を続けているうちに，支援対象者の「顕著な個性や傾向」が壁となって，また支援の依頼があったときと同じように追い詰められてしまうことをたびたび経験した。「顕著な個性や傾向」を数ミリ薄める（薄めるための工夫を編み出す）ことが，とても重要な課題になる。それが見つかると，支援対象者は同じこと（同じような行き詰まり方）を繰り返さなくなり，確実に逞しくなられる。「顕著な個性や傾向」への取り組みは，自殺防止のためには，強調してもしきれないほど重要だ。

ところで,「顕著な個性や傾向」のことに取り組みを始めたときに"湧き上がってきた疑問"がある。何故,この人は,このような「顕著な個性や傾向」を持つに至ったのか？　取り組み始めた最初のうちは,漠然と,「顕著な個性や傾向」はその人の「性格特徴」による部分が大きいのではと考えていた。しかし,その考えはすぐに粉砕された。というのも,支援対象者の家族や関係者と面談して,家族の影響の大きさ（支援者対象者の家族の"歴史",家族の文化）,支援対象者が長年にわたって暮らした生活空間の影響の大きさ（生育環境の"歴史",生育環境の文化）に気づかされたためだ。もちろん,「顕著な個性や傾向」が,その人の生来の性格特徴によると考えざるを得ない事例もある。だが,比率で言えば,「家族の"歴史"・家族の文化」「生育環境の"歴史"・生育環境の文化」の影響が大きい事例の方が多いように（これまでのところ）見える。

　「顕著な個性や傾向」について,私たちに見えていることはまだ僅かだ。今後,多数の事例を集積して「顕著な個性や傾向」について,その全貌を把握することができれば,自殺対策（一人ひとりの人を対象にしたゲートキーパーの活動も,社会全体の自殺者数を減らすための自殺対策も）は大きく改訂されることになるのではないか。今後の展開に期待したい。

参考文献リスト

飛鳥井望（1994）生命的危険性の高い企図手段をもちいた重度自殺未遂者に関する研究．東京大学博士論文．

張賢徳（2006）人はなぜ自殺するのか──心理学的剖検調査から見えてくるもの．勉誠出版．

D. Healy, M. Harris, R. Tranter, P. Gutting, R. Austin, G. Jones-Edwards and A. P. Roberts（2006）Lifetime suicide rates in treated schizophrenia : 1875-1924 and 1994-1998 cohorts compared. British Journal of Psychiatry 188（3）; 223-228.

Edwin Shneidman（1995）Suicide as Psychache : A clinical approach to self-destructive behavior. Jason Aronson.

厚生労働省（2021）令和3年度自殺対策に関する意識調査．厚生労働省．

M. David Rudd, Alan L. Berman, Thomas E. Joiner, Jr., Matthew K. Nock, Morton M. Silverman, Michael Mandrusiak, Kimberly Van Orden, and Tracy Witte（2006）Warning signs for suicide : Theory, research, and clinical applications. Suicide and Life-Threatening Behavior 36（3）; 255-262.

日本精神神経学会 精神保健に関する委員会編著（2013）4．自殺の危険因子／保護因子．日常臨床における自殺予防の手引き．p7, 精神神経学雑誌 115（3）付録．

日精診自殺対策プロジェクトチーム（2016）第2回　自殺調査報告〈平成27年7月～平成28年6月〉．日精診ジャーナル 42（6）; 10-18.

特定非営利活動法人メンタルケア協議会（2007）厚生労働省障害者保健福祉推進事業【障害者自立支援研究プロジェクト】地域で生活する精

神障害者の緊急対応ニーズの実態調査及び夜間休日緊急対応チームの試行的構築 平成19年度報告書．特定非営利活動法人メンタルケア協議会．

特定非営利活動法人メンタルケア協議会（2018）東京都自殺相談ダイヤル年次報告（平成30年度）．

東京精神神経科診療所協会　地域支援・救急・自殺対策・災害対策・性暴力対策委員会「平成27年自殺既遂例調査」報告，「平成29年自殺既遂例」報告．

東京都医師会 精神保健医療福祉委員会（2015）救急医療機関に自傷・自殺企図で救急搬送された患者についての実態調査報告．平成25年度・26年度精神保健医療福祉委員会検討結果報告書．

あとがき

　本書は，私の二つの経験，特定非営利活動法人メンタルケア協議会の自殺防止事業に12年間携わってきた経験と，精神科医として50年余り診療してきた経験を下敷きにしている。

　特定非営利活動法人メンタルケア協議会が東京都より受託して運営している「東京都自殺相談ダイヤル〜こころといのちのほっとライン〜」は，都民を対象にした電話相談窓口で，名称に"自殺"という言葉を冠していて，"自殺問題"に特化した相談窓口として都民から認知されている。相談員はすべて専門職（公認心理師，精神保健福祉士，看護師，保健師，など）である。令和3年度，相談してこられた方の72%が「希死念慮有り」で，さらに，そのうちの9.6%が，相談員が行った自殺リスクアセスメントで，自殺リスク「中，高，実行済み」であった。電話相談して来られた方の中には，緊急に保護する必要があり，通報したケースが年間30件，日に2〜3回あった。この事業で，私は，日常的には相談員のサポート役を務めてきた。また，相談員研修（事例検討会）に助言者として参加してきた。

　相談員研修（事例検討会）では，一つの事例を約1時間かけて検討する。検討する事柄は二つだ。一つは相談して来られた方のアセスメントと支援方針について，もう一つは相談員の対応が適切であったか，もっと工夫の余地がなかったかの振り返りである。毎月12〜

14例について検討する。年間では約150例になる。私はほとんど毎回参加してきた。事業開始してから10年が経過しているので，これまで1,500例を超える事例を検討してきたことになる。

　振り返ってみて私は，最初，とても未熟であった。この10年間，日常的に相談員のサポートをしてきて，また，事例検討を延々と続けてきて，相談して来られた大勢の方から，そして，苦労をともにした大勢の相談員から，とことん鍛えられた。鈍感な私だが，「事実」はこうなのだ，「実態」はこうなのだ，「こうした対応が必要」なのだと教えられた。教えられ，骨身に染みていることを，書き出してみた。それが本書である。

　特定非営利活動法人メンタルケア協議会では，平成26年7月から「東京都自殺未遂者対応地域連携支援事業―東京都こころといのちのサポートネット」を東京都から受託して運営している。これは自殺未遂者や自殺ハイリスク者の自殺防止事業である。事業の概要は第3章第4節のⅢに述べてある。この事業での私の役割は，相談員を適宜にサポートすること，支援方針を決める事例検討会に加わることである。

　この事業で，年間約300人，令和4年3月末までに2,101人の方を支援してきた。ほとんどが"重い"ケースであった。ケースのうちの16％は1週間を超えて（10％は1カ月を超えて）サポートネットが関わっている。その間，ご本人に関わり続けながら，家族，関係者の方との調整，医療機関へのつなぎ，保健所，児相，地域包括支援センターなど地域の支援機関へのつなぎを行っている。この関わりを通して，ご本人のことと，ご本人の事情，ご本人の周りの関係者のことを，具体的にリアルに知ることになる。知ることによってご本人がなぜ自殺企図したのか，なぜ自殺リスクが高いのか見えて

くる。ご本人の中の「顕著な個性や傾向」についてひしひしと教えられたのは，この事業を通してである。

　メンタルケア協議会での自殺防止の事業に携わって得た経験は，精神科医として50年余りの臨床経験に新しい光を当てるものであった。今まで気づいていなかったことに気づき，長年の経験を改めて活かすことができた。

　本書は，とことん自殺防止活動の経験に裏付けされている。しかし，私の経験は，あくまでも首都圏での経験，東京都が行う事業での経験である。地域が異なると，また事業の性格が異なると，違った経験があるだろう。その経験からは違った文書が書かれるだろう。

　本書が，各地で自殺防止活動に取り組んでおられる方に，多少でもご参考になれば嬉しい。

　この原稿を書き進める間，メンタルケア協議会の理事の西村由紀さん，同じく國吉淨子さん，同じくメンタルケア協議会の理事で「こころの診療所　三軒茶屋」の北條彩先生，メンタルケア協議会の副理事長で代々木の森診療所院長の大下隆司先生に，文章を細かくチェックしていただいた。誤解を招きかねない表現をたくさん書き直すことができた。

　さらに，金剛出版の編集部の植竹里菜さん，中村奈々さんに，文章表現の手直し，構成の組み替えなど，編集のプロならではの適切な処理を行っていただいた。

　この方々のご協力がなかったら本書は完成しなかった。この方々に心から謝辞を申し述べたい。

　2023年5月

羽藤邦利

付録

「自殺企図に至るプロセス」
についてのまとめ

　これまで述べてきたことを簡単な図と表にまとめて
みたい。

II 「自殺企図直前の状態」と「このままでは
自殺企図直前の状態に陥るかもしれない」ときに
見られる徴候やエピソード

「自殺企図直前の状態」と「このままでは自殺企図直前の状態に陥るかもしれない」ときに見られる徴候やエピソード

自殺企図直前の状態 （BPSAS）	追い詰められ感・視野狭窄 うろたえ・焦燥感　衝動性の高まり 強い抑うつ感・苦悶感の訴え “死にたい，消えたい”と言い続ける すぐに自殺企図しようとする 曖昧，呆然，心ここにあらず 奇妙さや不自然さ		
BPSASに至る プロセスのタイプ	悪循環・発展	精神状態の揺らぎ	精神病性の症状
このままでは自殺企図直前の状態に陥るかもしれない	生活状況と精神状態の悪循環・発展が進行している	深刻な事態に直面している（人間関係の揉め事，職場状況，など） ＋	精神病の症状がある（統合失調症，躁うつ病，など） ＋
（Pre-BPSAS又は危ないエピソード）	本人の訴えが少ない⇒増えて激しい⇒減ってくる （Pre-BPSAS）	過去に“同様の事態”で（危ないエピソード）	過去に“同様な症状”で（危ないエピソード）

著者略歴

羽藤邦利 (はとうくにとし)

　昭和42年京都大学医学部卒業，東京大学医学部付属病院精神神経科で研修したあと，昭和44年から都立松沢病院勤務，昭和57年から八王子医療刑務所医官として勤務。昭和62年に三枝秀人医師と共同で代々木の森診療所を開設し，平成24年に院長を大下隆司先生へ引き継いだ。その後現在に至るまで同診療所で診療を続けている。

　この間，下記のような業務にも従事。

- 西東京市市役所福祉事務所嘱託医を昭和48年から平成10年まで。
- 複数の大学で学生相談室嘱託医を昭和53年から現在まで。
- 社会福祉法人多摩棕櫚亭協会の理事長を平成13年から平成18年まで。
- 日本精神神経学会理事を平成24年から平成27年まで。学会の精神医療・保健福祉システム委員会，精神保健に関する委員会などの委員会活動に携わる。
- 精神障害者家族会（公益社団法人全国精神保健福祉会連合会）の理事を平成26年から令和2年まで。
- 日本精神衛生会の理事を平成18年から令和4年まで。
- 東京精神神経科診療所協会の理事を平成12年から現在まで。

　平成7年より，特定非営利活動法人メンタルケア協議会の前身団体立ち上げの頃から関わり，浜田晋先生，穂積登先生から引き継いで，平成18年から現在まで理事長を務める。

　特定非営利活動法人メンタルケア協議会では，平成14年から東京都や近県のメンタルヘルスに関わる事業（精神科救急医療情報センター，自殺予防の電話相談，自殺未遂者支援事業，ひきこもり地域支援センター等）を受託運営している。

自殺防止の手引き

誰もが自殺防止の強力な命の門番になるために

2023年 7 月 10 日　発行
2023年 9 月 10 日　2 刷

著者———羽藤邦利

発行者——立石正信

発行所——株式会社 金剛出版
　　　　　〒112-0005 東京都文京区水道1-5-16　電話 03-3815-6661
　　　　　振替 00120-6-34848

装丁◉岩瀬 聡　　組版◉石倉康次　　印刷・製本◉太平印刷社

ISBN978-4-7724-1967-3 C3011　　©2023 Printed in Japan

「死にたい」気持ちに寄り添う
まずやるべきことしてはいけないこと

[著]=下園壮太 高楊美裕樹

●四六判 ●並製 ●184頁 ●定価 **2,860**円
● ISBN978-4-7724-1948-2 C3011

身近な人に「死にたい」と言われたら，
どうしたらいいかわからなくなってしまうのではないだろうか。
本書ではそんな時の対処法を丁寧に解説していく。

自殺の危険 第4版
臨床的評価と危機介入

[著]=高橋祥友

●A5判 ●上製 ●488頁 ●定価 **6,380**円
● ISBN978-4-7724-1867-6 C3011

自殺の危険を評価するための正確な知識と
自殺企図患者への面接技術の要諦を
多くの最新事例を交えて解説した画期的な大著。

アディクションの地平線
越境し交錯するケア

[編]=松本俊彦

●A5判 ●並製 ●224頁 ●定価 **2,860**円
● ISBN978-4-7724-1878-2 C3011

ニーズが高まり続ける
アディクション（嗜癖）問題に向き合う
あらゆる人に向けた「回復」のためのヒント。

価格は 10%税込です。